Jana Jacobi
Scientology

topos taschenbücher, Band 652

Jana Jacobi

Scientology

Ein Blick hinter die Kulissen

topos taschenbücher

Verlagsgemeinschaft topos plus
Butzon & Bercker, Kevelaer
Don Bosco, München
Echter, Würzburg
Lahn-Verlag, Kevelaer
Matthias-Grünewald-Verlag, Ostfildern
Paulusverlag, Freiburg (Schweiz)
Friedrich Pustet, Regensburg
Tyrolia, Innsbruck

Bibliografische Information der Deutschen Nationalbibliothek
Die Deutsche Nationalbibliothek verzeichnet diese Publikation in der
Deutschen Nationalbibliografie; detaillierte bibliografische Daten
sind im Internet über http://dnb.d-nb.de abrufbar.

2008 Verlagsgemeinschaft **topos** plus, Kevelaer
2. ergänzte Auflage
Das © und die inhaltliche Verantwortung liegen beim
Verlag Butzon & Bercker, Kevelaer
Originalausgabe

Einband- und Reihengestaltung | Finken & Bumiller, Stuttgart
Herstellung | Pustet, Regensburg
Printed in Germany

Topos ISBN: 978-3-8367-0652-0

www.toposplus.de

Inhalt

Warum ein Blick hinter die Kulissen so wichtig ist

Geleitwort zur zweiten Auflage

Prof. Dr. jur. Arnd Diringer, Ludwigsburg

Kaum eine Gruppierung ist in der Öffentlichkeit so umstritten wie die Scientology-Organisation. Dabei war die Diskussion wie bei vielen Vereinigungen, die dem Bereich der sogenannten Jugendreligionen zugerechnet werden, zunächst von der Frage geprägt, welche Gefahren sich für das einzelne Mitglied ergeben. Angeprangert wurden hier vor allem die Gefahren der psychischen Abhängigkeit sowie der finanziellen Ausbeutung, die nicht selten zum vollständigen finanziellen Ruin führt. Die Preisgestaltung der bei Scientology angebotenen Kurse führte dann auch schnell zu der Einschätzung, dass es sich um ein reines Wirtschaftsunternehmen handelt, das lediglich aus (steuer-)rechtlichen Erwägungen heraus unter dem Deckmantel einer Religionsgemeinschaft auftritt. Seit einigen Jahren hat sich die Auseinandersetzung nochmals verschärft. Zunehmend wird die Scientology-Organisation als verfassungsfeindliche, totalitäre Vereinigung angesehen, die nach wirtschaftlicher, gesellschaftlicher und politischer Macht strebt und auf eine Überwindung der bestehenden Ordnung hinarbeitet. Im Hinblick auf diese Vorwürfe befassen sich erstmals seit Bestehen der Bundesrepublik auch die Behörden für Inneres mit einer Gruppierung, die zunächst lediglich als Sekte, neureligiöse Bewegung oder Psychokult klassifiziert wurde.

Trotz dieser seit Jahrzehnten andauernden Debatte ist über die Hintergründe, die Organisationsstruktur, die Lehren und die (tatsächliche) Zielsetzung der Vereinigung erstaunlich wenig bekannt. Die fast schon reflexartigen, oft hysterisch anmutenden Ablehnungspositionen, wie sie gerade von Politikern immer wieder geäußert werden, gehen insofern oftmals mit einem augenscheinlichen Mangel an fundierter Information einher. Nichts anderes gilt häufig für die Verlautbarungen staatlicher und kirchlicher Stellen und die Darstellungen in der Presse. So wird z.B. immer wieder der Vorwurf geäußert, dass Grundstücks-, Häuser- und Wohnungsdeals zu den Haupteinkunftsarten der Scientology-Organisation gehören, obgleich mittlerweile gerichtlich festgestellt wurde, dass die Vereinigung „überhaupt keine Grundstücksgeschäfte" tätigt (OVG Hamburg, NJW-RR 1993, 1056). Unbekannt scheint dagegen der durchaus bemerkenswerte Umstand zu sein, dass einige von dem Scientology-Gründer L. Ron Hubbard entwickelte Techniken – zumindest nach Angaben der Scientology-Organisation (Was ist Scientology? 1993, S. 424) – in Weltunternehmen wie General Motors, Lancome, Epson Amerika, Buick, Volkswagen/Audi, Perrier, Elizabeth Arden, Citroen und Mobil Oil eingesetzt werden oder zumindest eingesetzt wurden.

Die mangelnde Tatsachenkenntnis bedingt dabei Fehleinschätzungen und führt zu Widersprüchlichkeiten, die bei genauerer Betrachtung offenbar werden. Dies gilt insbesondere für die Behauptung, die scientologische Dogmatik sei lediglich ein Vorwand zur Verfolgung wirtschaftlicher Ziele. Dieser Vorwurf lässt sich – wie der Verwaltungsgerichtshof Mannheim (NVwZ-RR 2004, 904) zutreffend ausführt – kaum mit dem zugleich erhobenen Vorwurf in Einklang bringen, die Scientology-Organisation arbeite auf eine Überwindung der bestehenden gesellschaftlichen und politischen Ordnung hin. Die Reihe derartiger Beispiele ließe sich nahezu beliebig lange fortsetzen.

Besonders auffällig ist indes, dass bislang noch nicht einmal die Dogmatik der Vereinigung ausreichend erschlossen, geschweige denn öffentlich bekannt ist. Dies zeigt sich gerade in der politischen Diskussion immer wieder. So mag der Vorwurf, die Lehre Scientology sei rassistisch (so z.B. der ehemalige Generalsekretär der nordrheinwestfälischen CDU, Herbert Reul, MdEP, in Junge Union, Scientology Tribunal 1996, S. 10), zwar publikumswirksam und damit in der Öffentlichkeit erfolgreich zu vermarkten sein. Er zeigt indes deutlich, wie wenig über das scientologische Menschenbild bekannt ist, das den Körper, also auch die Rasse, lediglich als Hülle eines unsterblichen Geistwesens, des sogenannten Thetan, ansieht.

Warum so wenig über die Lehre bekannt ist, mag zum einen mit deren Komplexität und der schier unüberschaubaren Menge an scientologischen Materialien zusammenhängen. Die Vereinigung gibt an, dass allein das Gesamtwerk ihres Gründers über 5.000 Schriften und 3.000 Tonbandaufzeichnungen umfasse, die Schriften der „Scientology-Religion" insgesamt 35 Millionen Worte (Das Scientology Handbuch, 1994, S. 787). Betrachtet man die Vielzahl an Büchern, Vortragsreihen und Kursmaterialien, erscheint diese Zahl durchaus realistisch. Wenn man die Lehre Scientology erfassen will, muss man also einen erheblichen Zeitaufwand in Kauf nehmen. Scientologen brauchen mehrere Jahre, oftmals Jahrzehnte, um das Kursprogramm zu absolvieren. Nur wenige schließen es tatsächlich ab, erreichen also die höchsten Stufen auf der sogenannten Brücke zur völligen Freiheit. Personen außerhalb der Vereinigung haben nur selten die (zeitliche) Möglichkeit, sich mit den umfangreichen Materialien ausreichend auseinanderzusetzen. Schon deshalb fehlt oftmals die notwendige Tatsachenkenntnis als Grundlage einer sachlich fundierten Einschätzung. Für Nichtmitglieder ergibt sich darüber hinaus das Problem, dass viele Materialien von der Organisation geheim gehalten werden, mithin nur in der Vereinigung verfügbar und selbst dort nur wenigen Mitgliedern zugänglich sind. Hierzu zählen insbesondere die obersten Kursstufen, in denen die Ausbildung zum „Operierenden Thetan", dem Ziel von Scientology, erfolgt. Ohne die Kenntnis dieser Unterlagen kann indes allenfalls eine fragmentarische Beurteilung gelingen, die Darstellung bleibt auf einen Teilbereich des Gesamtsystems beschränkt.

Dass bislang wenig über die Vereinigung bekannt ist, mag zum anderen auch an der Zielsetzung bisheriger Veröffentlichungen liegen. Bei den Publikationen staatlicher und kirchlicher Stellen stehen regelmäßig nicht die vorurteilsfreie

Information, sondern Warnung, Mahnung und Abschreckung im Vordergrund. Buchveröffentlichungen von Aussteigern dienen zumeist der Verarbeitung der eigenen Erlebnisse und sind naturgemäß auf eine subjektive Sichtweise beschränkt. Informationen über die Lehre und Handlungspraxis der Vereinigung finden sich in solchen Büchern allenfalls am Rande. Der Mangel an Information wird dabei insbesondere bei den Veröffentlichungen solcher „Aussteiger" deutlich, die lediglich kurze Zeit – zum Teil wenige Wochen – Mitglied in der Vereinigung waren und damit selbst nur einen Teilbereich der Organisation und allenfalls einen Ausschnitt der Lehren kennengelernt haben. Demgegenüber beinhalten wissenschaftliche Veröffentlichungen zwar oftmals ausführliche Darstellungen, doch sie tragen zumindest die Vermutung der Neutralität in sich. Ihr Informationsgehalt bleibt jedoch immer insofern beschränkt, als sie die Scientology-Organisation und deren Lehren nur anhand der Materialien darstellen können, die außerhalb der Vereinigung überhaupt verfügbar sind. Wissenschaftliche Ausarbeitungen bieten daher zwar oftmals eine vorurteilsfreie Sicht, bleiben aber einem „Blick durch ein Fenster" vergleichbar, der zwar viel, aber eben nicht alles zeigen kann – schon weil der Blickwinkel beschränkt ist.

Vor diesem Hintergrund zeigt sich die besondere Bedeutung des vorliegenden Buches. Die Verfasserin war über mehrere Jahre aktives Mitglied der Vereinigung und hat einen der höchsten Grade auf der sogenannten Brücke zur völligen Freiheit, den Grad eines Operierenden Thetan der Stufe IV, erreicht – einen Grad, den bis heute nur wenige Scientologen erlangt haben. Entsprechend fundiert sind ihre Kenntnisse über die Struktur und Dogmatik der „religiösen Philosophie Scientology". Dabei ist ihr Wissen nicht nur auf die öffentlich zugänglichen Werke beschränkt. Die Verfasserin war auf den sogenannten OT-Stufen auch mit den von der Organisation geheim gehaltenen Materialien befasst, Materialien, die auch den meisten Scientologen unbekannt sind und daher sogar innerhalb der Vereinigung als Mysterium gelten. Dass nunmehr der Inhalt dieser Kurse in der Öffentlichkeit bekannt werden kann, ist ein besonderer Verdienst. Dies gilt umso mehr, als diese Kursunterlagen einen durchaus erstaunlichen Inhalt aufweisen – einen Inhalt, der wohl manchen Scientologen auf den unteren Stufen der sogenannten Brücke zur völligen Freiheit sein Engagement für die Vereinigung überdenken lassen würde.

Über Scientology sind mittlerweile viele Bücher geschrieben worden. Nur wenige vermitteln Tatsachen, die für die notwendige gesellschaftliche und politische Debatte um die Vereinigung herangezogen werden können. Das vorliegende Buch gehört unzweifelhaft dazu. Ein ebenso interessant und verständlich geschriebener, als auch sachlich fundierter Blick hinter die Kulissen von Scientology.

Vorwort

Als ehemalige Scientologin habe ich mich innerhalb von vier Jahren voller Begeisterung bis zur OT-Stufe V auf der „Brücke zur geistigen Freiheit" hinaufgearbeitet, was jeder Scientologe als rasanten Fortschritt in kürzester Zeit bezeichnen würde. Dann stagnierte das Vorwärtskommen wegen finanzieller Schwierigkeiten. In der nachfolgenden Zeit bemerkte ich, dass ich auch ganz gut ohne Scientology zurechtkam. Es dauerte jedoch noch ganze acht Jahre, während derer ich dem ständigen Drängen von Scientologen zum Weitermachen ausgesetzt war, bis ich es auch nur wagte, außer den Werken von L. Ron Hubbard einmal andere Sachbücher über Esoterik, Philosophie und Psychologie zu lesen. Dies ist normalerweise nicht gestattet: Ein Befassen mit anderen Technologien neben Scientology wird unter Scientologen als „squirreln" bezeichnet, was ein Vermischen von Scientology mit anderen Technologien bedeutet und strengstens verboten ist.

Beim Studium der gängigen Esoterik-Literatur erlebte ich die Überraschung meines Lebens: Es gibt auf dem Gebiet des menschlichen Geistes durchaus Wahrheiten zu entdecken, verblüffende Tatsachen, die in Scientology nicht einmal erwähnt werden. Zugegeben: Es gibt sehr viele Parallelen, aber ich stieß auch auf viel Neues und Interessantes, was meine Aufmerksamkeit fesselte. In den vergangenen sechs Jahren habe ich ganze Berge esoterischer und naturwissenschaftlicher Bücher verschlungen, von der Religion bis zur Quantenphysik mich mit allem befasst. Weltanschauungen und Theorien existieren viele, und jeder Mensch muss herausfinden, was er selbst als subjektive Wahrheit für sich akzeptiert; denn vieles ist nach streng wissenschaftlichen Kriterien nicht beweisbar, obwohl von der modernen Wissenschaft schon so manches belegt wurde, was wir noch vor wenigen Jahrzehnten nicht in unseren kühnsten Träumen anzunehmen gewagt hätten. Doch für den, der genau hinschaut, gibt es auch die offensichtlichen

Lügen und Fantastereien, und in diese Kategorie möchte ich einen Großteil der Werke L. Ron Hubbards einordnen. Nur dem gründlichen Studium zeitgenössischer esoterischer und naturwissenschaftlicher Literatur habe ich es zu verdanken, dass langsam die Gewissheit in mir reifen konnte, dass Scientology einen in seiner Art einmaligen Irrweg propagiert, entworfen, um dem Narzissmus eines anscheinend geltungssüchtigen Menschen zu dienen. Die Vernetzung von Scientology-Theorien mit tatsächlichen Gegebenheiten ist so geschickt und raffiniert konstruiert, dass meiner Meinung nach nur jemand, der die Lehren Hubbards ausführlich studiert hat, dann einen großen zeitlichen Abstand von dieser Ideologie gewonnen und schließlich die Grundsätze der Scientology mit anderen geistigen und wissenschaftlichen Ansätzen gründlich verglichen hat, in der Lage ist, Scientology als Fantasien L. Ron Hubbards zu entlarven. Zu diesem Schluss tatsächlich zu gelangen, bedeutete große geistige Anstrengung und Überwindung für mich, verlangt es doch die Aufgabe von jahrelang gefestigten Überzeugungen und ein völliges Umdenken. Mitarbeiter einer Scientology-Organisation wären dazu nie in der Lage, weil sie sechs Tage pro Woche, umgeben von anderen fanatischen Scientologen, tagtäglich mindestens zwölf Stunden lang mit scientologischem Gedankengut ein- und zugedeckt werden und sich so kaum eine Privatsphäre leisten können, ganz zu schweigen davon, irgendwelche Zweifel zu entwickeln an dem, was sie glauben und tun. Nur ein „Public" (Kunde, der Dienstleistungen kauft) wie ich kann auf solche „Squirrel-Ideen" verfallen. So hat es insgesamt also fünfzehn Jahre gedauert, bis ich offiziell meine Mitgliedschaft bei Scientology kündigte und mich endgültig von der Sekte lösen konnte.

Das vorliegende Buch stellt einen Versuch dar, die Scientology-„Technologie" vorzustellen und vor allem auch zu analysieren und dadurch die wirklichen Gefahren einer Mitgliedschaft in dieser Sekte aufzuzeigen. Die Bücher, die bisher über die Machenschaften der Scientology geschrieben wurden, bleiben hier meist an der Oberfläche und beschränken sich auf finanzielle und politische Aspekte. Ich möchte den bereits veröffentlichten Werken über dieses Thema nicht noch ein weiteres gleichartiges hinzufügen. Keinesfalls erhebe ich den Anspruch auf Vollständigkeit meiner Beschreibungen, was die internen Strukturen oder auch das Dienstleistungsangebot der Scientology betrifft. Auch die Vorgehensweisen bei der Infiltration in die Wirtschaft und andere Expansionsbemühungen der Scientology sind nicht Gegenstand dieses Buches. Mir geht es vielmehr darum, anhand der geheimen Materialien der Scientology, die bisher nicht der Öffentlichkeit zugänglich waren, die psychologischen Wirkungen aufzuzeigen, die schließlich zu völliger Abhängigkeit der Mitglieder von der Sekte führen. Die Gehirnwäsche, die Scientology ja immer nachgesagt wird und die zwar ein schönes Schlagwort, aber eine bis jetzt nicht zu beweisende Sache für die Gegner darstellt(e), wird von mir genau analysiert. Somit wird aufgezeigt, welchen reellen Gefahren für das körperliche und vor allem für das geistig-seelische Wohlergehen sich der einzelne Mensch aussetzt, der in die Fänge der Sekte gerät.

Das Buch ist für diejenigen gedacht, die auch inhaltlich Näheres über Scientology wissen möchten; für Angehörige Betroffener, damit sie deren Beweggründe besser verstehen und besser argumentieren können; für Mitglieder, in denen Zweifel erwacht sind und die wissen wollen, was denn nun tatsächlich die Wahrheit ist; und für alle Interessierten, die erfahren möchten, wie man auch durchaus intelligente und erfolgreiche Menschen auf den Holzweg und auf geistiges Glatteis führen kann.

Jana Jacobi

Einführung

Ich habe lange überlegt, wie ich Organisation und „Technologie" der Scientology am besten darstellen könnte. Zunächst hatte ich die Idee, dies am besten dadurch erreichen zu können, dass ich meinen persönlichen Weg in Scientology beschreibe. Doch davon bin ich abgekommen. Ich glaube, mein Weg ist nicht repräsentativ genug, um ein allgemeingültiges Bild der Scientology wiedergeben zu können. Ich will deshalb versuchen, möglichst kurz die Grundlagen dieser „angewandten Philosophie" zu beschreiben und Ihnen auch Einblick in den Ablauf verschiedener Kurse zu geben. Wenn Sie sich durch die etwas trockene Theorie des ersten Kapitels durchgekämpft haben, wird es dann mit der Enthüllung der geheimen Materialien der fortgeschrittenen Stufen wirklich spannend; vor allem aber kann man nur anhand dieses Materials die Gefahr einer Mitgliedschaft in dieser Sekte wirklich aufzeigen.

Bemerkenswert an der Hubbardschen Lehre ist, dass die Grundlagen sich durchaus mit anderen alten und auch neuen psychologischen, philosophischen und esoterischen Lehren decken oder ihnen zumindest stark ähneln und mit ihrer Anwendung tatsächlich gute Resultate erzielt werden können. Das ist aber auch genau der Trick an der Sache, denn mit diesen Wahrheiten werden aus Neulingen über kurz oder lang überzeugte Anhänger (die allerdings horrende Summen für etwas bezahlen, was sie beispielsweise bei einem Reinkarnationstherapeuten bedeutend billiger bekommen könnten), und wenn sie so weit sind, dass Rons Worte auch nicht den Hauch eines Zweifels mehr aufkommen lassen, dann werden ihnen faustdicke Lügen aufgetischt, und sie kommen in einen nicht endenden Teufelskreis, dessen Existenz sie nicht einmal wahrnehmen, der sie dann aber finanziell und letztlich auch geistig vollständig ausbluten lässt. Die Geschichten, die einem da serviert werden, sind schlimmer als die beste Horror-Science-Fiction, und wenn Sie die Kapitel über die geheimen OT-Stufen lesen, werden Sie eine Ahnung davon bekommen, wie raffiniert dieses System konstruiert wurde. Immerhin hat L. Ron Hubbard diese Geschichten selbst erfunden, wohingegen die unteren Stufen einigermaßen mit anderen Philosophien übereinstimmen. Die Grundlagen seiner Lehre hat er aber diversen anderen Religionen abgeschaut (unter anderem den Kahunas auf Hawaii), was sogar großzügig zugegeben wird mit der allerdings recht großspurigen Behauptung, dass sein Buch „Grundlagen des Denkens" „eine kurze Zusammenfassung der Resultate ist, die denkende Menschen über einen Zeitraum von 50.000 Jahren hervorgebracht haben" („Die Grundlagen des Denkens", S. 10). Jedoch fehlen bei Hubbards Lehre auch ganz wesentliche Details, weil er sie schlichtweg nicht gewusst hat. So schreibt er beispielsweise in seinem Buch „Dianetics – Die Entwicklung einer Wissenschaft" mehrfach (S. 56f., 78, 96f.), dass es für seine Zwecke genüge, sich mit der Funktion der Dinge abzugeben, während die Struktur unwichtig sei und er deren Erforschung den „kompetenten Herren" (S. 59, gemeint sind Wissenschaftler) überlassen wolle. Diese Meinung kann ich nun nicht ganz teilen, weil nämlich eine Kenntnis der Struktur auch Rückschlüsse auf diverse Funktionsmöglichkeiten zulässt.

Ich werde in meinem Buch nicht ohne eine Anzahl scientologischer Fachwörter zurechtkommen, obwohl ich mich bemüht habe, sie möglichst gering zu halten. Sämtliche im Text vorkommenden Fachwörter finden Sie im Glossar am Schluss des Buches, manchmal auch schon im Verlauf des Haupttextes erklärt.

Aber wenden wir uns nun dem „Abenteuer Dianetik" zu.

Dianetik

Das Wort Dianetik setzt sich zusammen aus dia (griech.) = durch und noos (griech.) = Seele, Sinn oder Denken, sodass es also „durch die Seele" oder „durch das Denken" bedeutet. Dianetik ist ein Vorläufer der Scientology und beschäftigt sich mit dem Verhältnis des Geistes zu seinem Körper. Sie soll Krankheiten und Missemotionen, unerwünschte Empfindungen sowie Schmerzen beseitigen.

Der Aufbau des Menschen

In der Dianetik/Scientology wird der Mensch in drei Teile gegliedert:

1. Thetan
2. Sinn oder Verstand
3. Körper

Der Thetan

Der Begriff Thetan ist eine Hubbardsche Erfindung und entspricht der Seele oder dem Geist des Menschen, das heißt also dem Individuum als solchem, dem Ich, dem, was sich seiner selbst bewusst ist, der Person selbst. Der Thetan wird als unsterblich erachtet und soll sich beim Tode vom Körper loslösen, um sich wieder einen neuen Körper zu suchen, das heißt ein Kind, das noch vor der Geburt steht. Davon, dass der Thetan sich immer wieder inkarniert, ist zum Zeitpunkt des Erscheinens des Dianetik-Buches noch nicht die Rede; dies wurde in Scientology erst später angenommen. Der Thetan befindet sich laut Hubbard gewöhnlich innerhalb des Kopfes eines Menschen, kann sich aber auch außerhalb des Körpers

aufhalten und trotzdem mit diesem verbunden sein und ihn
von außen kontrollieren.

Der Sinn/Verstand

Hubbard beschreibt den Sinn/Verstand als eine Aufzeichnung
sämtlicher Erlebnisse, die eine Person jemals hatte (auch von
früheren Leben und den Zeiten zwischen den Leben). Diese
Aufzeichnung erfolgt chronologisch und besteht aus Bildern
und sämtlichen zugehörigen Sinneseindrücken wie Sehen,
Hören, Schmecken, Riechen, Tasten etc. Dazu sind noch die
eigenen Gefühle und Gedanken gespeichert, zusammen 52
Wahrnehmungen. Diese komplette aufeinanderfolgende geistige Aufzeichnung der gesamten Vergangenheit eines Indivi-
duums bezeichnet Hubbard als Zeitspur. Auf dieser Zeitspur
ist alles mit genauen Datumsangaben versehen. Sie ist mindestens 350 Billionen Jahre lang.

Hierzu ist noch zu bemerken, dass die deutschen Über-
setzungen der in englisch verfassten Hubbard-Schriften oft
fehlerhaft sind, was die Zeitangaben betrifft. Das englische
„billion", das der deutschen Milliarde entspricht, wird oft
fälschlicherweise mit Billionen oder gar Billiarden übersetzt.
Da ich viele Scientology-Schriften nicht im englischen Original
gelesen habe, kann ich bei den erwähnten Zeitangaben nicht
mit Sicherheit feststellen, ob Hubbard nun jeweils Milliarden,
Billionen oder Billiarden Jahre gemeint hat. Diese Frage ist für
uns allerdings von untergeordneter Bedeutung, da es unerheb-
lich ist, ob die Hubbardschen Hirngespinste nun vor Milliarden oder Billiarden von Jahren stattgefunden haben.

Hubbard vergleicht den Sinn mit einem Computer, mit dem
unablässig Daten gespeichert werden, und zwar alle Wahrnehmungen der Zeitspur. Mit dem Sinn oder Verstand kontrolliert
der Thetan seinen Körper.

Der Sinn lässt sich nochmals unterteilen, und zwar in
  a) analytischer Sinn / Verstand
  b) reaktiver Sinn / Verstand

Der analytische Sinn

Der analytische Sinn bewerkstelligt das, was wir gemeinhin als Denken bezeichnen, das heißt, er speichert alle *bewusst* aufgenommenen Wahrnehmungen in einer Datenbank, kombiniert die verschiedenen Wahrnehmungen untereinander, zieht Schlussfolgerungen und löst Probleme.

Der reaktive Sinn

Der reaktive Sinn speichert angeblich alle Dinge, die unterhalb der Bewusstseinsebene eines Menschen liegen. Sobald ein Erlebnis körperlichen oder seelischen Schmerz und Bewusstlosigkeit enthält, tritt der reaktive Verstand in Aktion und speichert das Geschehnis in *seiner* Bank.

Hubbard geht davon aus, dass alle Geschehnisse, die mit Schmerz verbunden sind, auch ein gewisses Maß an Bewusstlosigkeit enthalten. Wenn man sich also beispielsweise in einem Zustand von Trauer befindet, nimmt man seine Umgebung nicht so bewusst wahr wie in einem positiven Gemütszustand, und diese graduelle Bewusstlosigkeit verursacht, so die Theorie, dass das Geschehnis nicht in der analytischen, sondern in der reaktiven Bank gespeichert wird. Der analytische Sinn ist dabei der Dumme und bemerkt von alledem nichts. Je tiefer der Zustand der Bewusstlosigkeit zu einem spezifischen Zeitpunkt ist, desto weniger kommt der analytische Verstand an die reaktiven Speicherungen heran.

Zur Verdeutlichung möge das auf der nächsten Seite folgende Schaubild dienen:

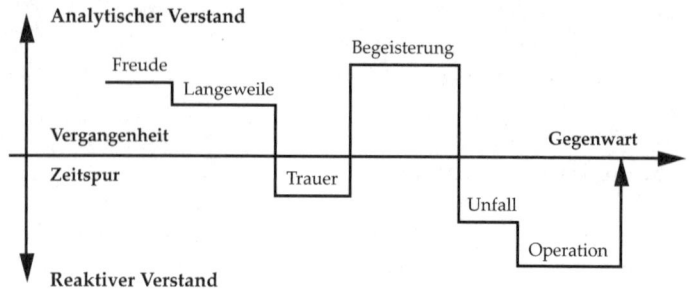

Der reaktive Sinn funktioniert als Reiz-Reaktions-Mechanismus, das heißt, auf einen speziellen Reiz erfolgt die entsprechende Reaktion. Er ist nicht in der Lage, vernünftig zu denken. Sein „Denken" verläuft in Identitäten. Jedes Detail eines Geschehnisses ist gleich jedem anderen Detail dieses Geschehnisses. Ein Fallbeispiel: Ein Kind fällt vom Fahrrad und schlägt sich das Knie auf. Hinter ihm hupt ein Auto. Eine Frau ruft: „Paß auf!" Am Straßenrand blühen einige Mohnblumen.

Für den reaktiven Verstand des Kindes ist nun ein kippendes Fahrrad gleich einem aufgeschlagenen Knie gleich dem grauen Asphalt der Straße gleich einer rufenden Frau gleich „Paß auf!" gleich Mohnblumen gleich der Farbe Rot dieser Mohnblumen gleich einem hupenden Auto usw.

Wenn nun irgendwann später im Leben dieses Kindes eine leichte Bewusstlosigkeit auftritt, was schon durch Müdigkeit der Fall sein kann, und es kommen zufällig zwei oder mehrere der in obigem Geschehnis geschilderten Inhalte zusammen, so wird dieses Geschehnis, das man Engramm nennt, restimuliert, das heißt, das komplette damalige Geschehen wirkt sich aus. Also: Das Kind ist müde und hört ein Auto hupen. Wenn es jetzt auch noch ein Fahrrad sieht oder eine Mohnblume, dann meint sein reaktiver Verstand, das damalige Geschehnis wiederzuerkennen. Also ist das jetzt hupende Auto gleich dem damaligen hupenden Auto gleich dem Sturz vom Fahrrad gleich einer rufenden Frau etc. Praktisch sieht das so aus, dass das Kind nun plötzlich Schmerzen am Knie bekommt und das Gefühl hat, es muss aufpassen. Außerdem würde es vermutlich auch noch eine Abneigung gegen Mohnblumen entwickeln.

Der analytische Verstand weiß nun überhaupt nicht, was vor sich geht, denn *er* hat die Daten des betreffenden Geschehnisses ja nicht gespeichert. Es ist so für die Person absolut nicht ersichtlich, warum der Körper plötzlich Schmerzen im Knie hat. Sie weiß auch nicht, warum sie solche Angst vor dem Radfahren hat und warum sie keine Mohnblumen mag. Auf Befragen wird sie ganz automatisch eine Rechtfertigung suchen. Denn der analytische Verstand, der ja absolut logisch arbeitet, kann es keinesfalls akzeptieren, etwas grundlos zu tun. So würde er beispielsweise antworten, dass Mohnblumen schlecht riechen und sowieso Unkraut seien und er sie deshalb nicht mag.

Dies ist ein einfaches und recht harmloses Beispiel dafür, wie nach Hubbards Vorstellungen eine psychosomatische Krankheit entstehen kann und wie wir dazu kommen, so oft irrational zu reagieren. Die Abneigung dieser Person gegen Mohnblumen ist für andere Menschen unverständlich.

An dieser Stelle möchte ich noch einmal betonen, dass es sich bei allen hier beschriebenen Funktionen nicht um wissenschaftlich erhärtete Fakten handelt, sondern lediglich um die Grundlagen der Hubbardschen Lehre, die außerhalb von Scientology keine Gültigkeit besitzen.

Ganz besondere Bedeutung kommt dem gesprochenen Wort in einem Engramm zu. Worte sollen hier nämlich wie posthypnotische Befehle wirken. Angenommen, in der Nähe einer bewusstlosen oder teilweise bewusstlosen Person wird der Satz gesagt: „Das wird ja immer schlimmer" oder „Es hört nicht auf" oder Ähnliches, dann wird der Krankheitszustand, in dem sich eine Person aufgrund der Restimulation eines Engrammes befindet, immer schlimmer werden und einfach nicht aufhören, egal, mit welchen medizinischen Maßnahmen versucht wird, der Situation Herr zu werden.

Ziel des Dianetik-Auditings ist es, die Engramme zum Bewusstsein zu bringen, ihre Ladung aufzulösen und das Geschehnis von der reaktiven Bank in die analytische Bank umzuspeichern, wo es keinen Schaden mehr anrichten kann.

Der Körper

Zum Körper bemerkt Ron nur so viel, dass er eine „Kohlenstoff-Sauerstoff-Maschine" ist, die bei 37° C funktioniert und als massives physisches Anhängsel des Thetans diesen erkennbar macht und ihm als Kommunikationszentrum dient („Dianetics and Scientology Technical Dictionary", S. 50). In „Dianetics – Die Entwicklung einer Wissenschaft" führt er auf S. 96f. aus, dass Engramme auf zellularer Ebene aufgezeichnet sind/werden, das heißt, dass die betroffenen Zellen eine Art Abdruck erhalten. Wie das genau vonstatten geht, darüber schweigt Ron sich aus, da es „Struktur" ist.

Dianetik-Auditingtechnik

Dianetik-Auditing läuft, ganz grob beschrieben, folgendermaßen ab: Mit Hilfe des E-Meters (Erläuterungen zum E-Meter siehe das entsprechende Kapitel) stellt der Auditor fest, auf welchen Gebieten der Preclear Schwierigkeiten hat, vor allen Dingen körperlicher, aber auch emotioneller oder geistiger Art. Der Preclear befindet sich während des Auditings in einem Zustand konzentrierter Aufmerksamkeit, in dem es ihm mit Hilfe des Auditors möglich wird, in die reaktive Bank vorzudringen und dort liegende Geschehnisse zu bearbeiten. Der Auditor führt den Preclear und gibt entsprechende Anweisungen oder stellt Fragen. Er beurteilt nichts und gibt keine Erklärungen ab.

Es gibt ganze Engramm-Ketten ähnlicher Geschehnisse. Jeweils das früheste Engramm einer Kette muss gefunden werden. Das Geschehnis wird mehrfach durchlaufen (eine abge-schwächte Form des Wiedererlebens), wodurch es entladen und in die bewusste analytische Bank umgespeichert wird. Danach nimmt man das nächste Engramm in Angriff, so lange, bis der Preclear clear ist.

Der Auditor muss ganz genau wissen, wie die reaktive Bank mit ihren Engrammen aufgebaut ist, wie die Engramme reagieren, wenn man sie zu fassen bekommt, wie er sie entla-den kann und wann sie umgespeichert sind. Außerdem muss er sein E-Meter perfekt beherrschen. Es ist eine umfangreiche Auditing-Technologie vorhanden, die ich hier nicht genauer beschreiben kann, was auch nicht nötig ist, denn das alles fin-det man genauestens in Hubbards Büchern und Bulletins. Aber ich denke, die hier aufgeführten Beschreibungen genügen, um sich in etwa ein Bild machen zu können.

Schon zu Beginn des Auditings droht allerdings Gefahr: Eine der Regeln für Preclears besagt, dass mindestens während der letzten sechs Wochen vor dem Auditing keinerlei Drogen, aber auch kein Alkohol oder Medikamente konsumiert wer-den dürfen. Bei Zuwiderhandlungen kann der gesamte Erfolg des Auditings in Frage gestellt sein. Obwohl die „Kirche" offi-ziell erklärt, keine Heilbehandlungen in körperlicher Hinsicht durchzuführen, sondern nur für das geistige Wohl des Pre-clears Sorge zu tragen, ist jeder Scientologe davon überzeugt, und dieser Eindruck wird dem Preclear auch im persönlichen Gespräch vermittelt, dass fast jedes körperliche Leiden durch Auditing kuriert werden kann. Man versucht, den Preclear dahingehend zu beeinflussen, dass er jegliche Medikamen-teneinnahme und ärztliche Behandlung abbricht und sich stattdessen auditieren lässt, selbst bei ernsthaften Krankheits-bildern. Zitat aus der „Richtschnur für Studenten für richtiges Verhalten" (HCO PL vom 7. Mai 1968), Punkt 9: „Empfangen Sie ohne die Zustimmung des Technischen Direktors oder Ethik-Offiziers keine Behandlung, Beratung oder Hilfe von irgendjemandem aus der Heilbranche, z. B. Arzt, Zahnarzt etc." Ich denke, es ist jedem klar: Sollte der Preclear dieser Forderung Folge leisten, kann er sich großen gesundheitlichen Gefahren aussetzen und bleibende Schäden riskieren, von noch Schlimmerem ganz zu schweigen. Bei mir selbst wurde etwa versucht, mich von einer dringend notwendigen Blinddarmoperation abzuhalten, und ein Freund von mir, der unter akuter Tuberkulose litt, setzte sämtliche verordneten Medikamente einfach ab, um für sein Auditing gerüstet zu sein.

Der Clear

Ein Clear ist jemand, der seine reaktive Bank geklärt, also komplett gelöscht hat und so nicht mehr der unkontrollierbaren Wirkung von Engrammen ausgesetzt ist. Dementsprechend darf er unter keinerlei psychosomatischen Krankheiten mehr leiden, und sein Verhalten ist völlig rational und logisch.

Bei jedem Preclear sind natürlich Hunderte und Tausende von Engrammen in seiner reaktiven Bank zu erwarten, und es würde Jahre dauern, wenn man sie alle einzeln zu bearbeiten hätte. Laut Hubbard ist es aber glücklicherweise so: An irgendeinem bestimmten Punkt des Auditings, wenn ein Großteil der am stärksten geladenen Geschehnisse schon ausgelöscht (umgespeichert) ist, kann der Preclear plötzlich die noch verbliebenen Restspeicherungen seiner reaktiven Bank konfrontieren. Damit werden sie automatisch gelöscht, und die Daten werden in die bewusste analytische Bank umgespeichert; dies ist der Moment, wo der Preclear „clear geht". Warum das so ist, ist mir bis heute nicht klargeworden. Es gibt auch keine genauen Anhaltspunkte, an denen man erkennen könnte, ob die Person nun tatsächlich clear ist oder nur einen großen Befreiungspunkt erreicht hat. Der Preclear hat einfach das „sichere Gefühl", er sei nun clear, und um das zu verifizieren, wird eine Auditing-Aktion mit Namen CCRD (früher: Clear-Check) mit ihm gemacht (CCRD = Clear Certainty Rundown = Clear-Sicherheits-Rundown). Das Problem ist nämlich, dass er anstatt ein Clear auch nur ein „Befreiter" sein kann. Bei einem Befreiten ist die reaktive Bank noch immer da, aber sie ist für eine gewisse Zeit „ausgerastet" (= stillgelegt), und der Preclear fühlt sich *momentan* wie ein Clear. Deshalb ist es sehr schwierig, den wahren Zustand herauszufinden, und dieses Thema hat auch vielen Scientologen eine Menge Ärger gemacht. Da wurden Leute nicht als Clears anerkannt, die glaubten, clear zu sein; sie durften nicht auf die höheren Stufen übergehen und protestierten irgendwann gewaltig. Andererseits gab es Leute, die „Clear" angeblich erreicht hatten und auf die OT-Stufen gingen, um dann, zum Beispiel auf OT III, festzustellen, dass sie eigentlich nie das erreicht hatten, was für die einzelnen Stufen versprochen worden war, und die nun zu der Überzeugung kamen, dass sie nicht clear sein konnten. Mit einem Wort: Es herrschten großes Durcheinander und Unsicherheit allenthalben. Die „Kirche" zog sich dann so aus der Affäre, dass sie feststellte, dass einer ihrer ranghöchsten Bosse mit Namen David Mayo Clear- und auch OT-V-Materialien eigenmächtig abgeändert hatte, deshalb die ursprünglichen Definitionen und Anweisungen Hubbards verdreht oder unterschlagen worden seien und somit das obige Drama entstanden sei. Mayo wurde als „Unterdrücker" beschimpft und aus der Organisation entfernt. Das war 1982. Damals hatte die gesamte Scientology-Welt Angst um ihre wertvolle Technologie und witterte überall zerstörerische Elemente, Unterdrücker und Verräter in den eigenen Reihen. Eine regelrechte Hexenjagd begann; und das Beste, was man tun konnte, war, sich eine Zeit lang von den größeren Zentren fernzuhalten, wollte man sich nicht unschuldig Verdächtigungen aussetzen und zu niederschmetternden Ethik-Aktionen verdonnert werden. Nach ein bis zwei Jahren legte sich der Wirbel langsam, aber ich habe meine berechtigten Zweifel, ob der Zustand „Clear" heute leichter festgestellt werden kann als damals.

Scientology

Das Wort Scientology setzt sich zusammen aus scire (lat.) = wissen und logos (griech.) = das Wort, die Lehre oder das Studium. Scientology erhebt also den Anspruch, „die Lehre vom Wissen" oder „das Studium der Weisheit" zu sein.

Hubbard bezeichnet Scientology als „angewandte religiöse Philosophie". Religiös deshalb, weil sie sich mit dem „geistigen Wesen Mensch" befasse und ihn zu Freiheit und Wahrheit führe.

In der Scientology ist das Höchste Wesen als „8. Dynamik" definiert. Die 8. Dynamik ist laut S. 24 der „Deutschen Fachwortsammlung für Dianetics und Scientology" „der Drang zum Dasein als Unendlichkeit". Dies ist die einzige Definition, wobei Hubbard in seinem Buch „Die Grundlagen des Denkens" auf S. 44 betont, „dass Scientology als *Wissenschaft* nicht in die Dynamik des höchsten Wesens eindringt".

Es gibt zwar ein Buch mit dem Titel „Der Hintergrund und die Zeremonien der Scientology Kirche", in dem scientologische Gebete und „Gottesdienste" für alle Gelegenheiten von der Taufe bis zur Bestattung vorgestellt werden; ich selbst habe aber während all der Jahre meiner Mitgliedschaft weder in der hiesigen „Mission" noch während meinen insgesamt Monate dauernden Aufenthalten in den Scientology-Kirchen Kopenhagen und München je einen Gottesdienst erlebt oder davon gehört, dass einer stattgefunden hätte. Scientology-Kursveranstaltungen und Auditing kann man wohl schwerlich als Predigten oder Gebete interpretieren. Der von Scientology propagierte und praktizierte Weg wird auch kaum zu den Zielen Freiheit und Wahrheit führen, eher zum Gegenteil, was spätestens dann klar wird, wenn man sich das geheime Material der OT-Stufen einmal zu Gemüte führt.

Scientology ist eine Weiterentwicklung der Dianetik und hat die Dianetik als Teilgebiet integriert. Scientology erhebt nicht nur den Anspruch, „Intelligenz und Fähigkeiten zu vergrößern", sondern auch „wünschenswerte Bewusstseinszustände und Unsterblichkeit zu schaffen" („Dianetics and Scientology Technical Dictionary", S. 370).

Die ersten größeren Auditing-Stufen, die man in Scientology durchläuft, sind die „Grade 0 bis IV" mit den folgenden Zielsetzungen:

Stufe 0	beseitigt Kommunikationsschwierigkeiten
Stufe I	befähigt zum Lösen aller Probleme
Stufe II	befreit von erlittenen und eigenen Feindseligkeiten
Stufe III	befreit von Verstimmungen der Vergangenheit
Stufe IV	löst den Preclear aus festgefahrenen Ansichten und macht ihn flexibler

Die Grade werden in vier verschiedenen Flüssen (Richtungen) auditiert:
  a) ein anderer fügt mir etwas zu
  b) ich füge einem anderen etwas zu
  c) andere fügen anderen etwas zu
  d) ich füge mir selbst etwas zu

So werden Geschehnisse von allen Seiten beleuchtet, denn all diese Erfahrungen beeinflussen die Psyche eines Menschen auf die eine oder andere Art.

Anschließend geht man dann weiter zum Dianetik-Auditing und nach Erreichen von „Clear" zu den OT-Stufen.

Als neuer Scientologe muss man sich zunächst einmal intensiv mit den Grundlagen dieser Lehre befassen und sich Hubbards „auf das Leben anwendbare Daten" zu eigen machen; mit anderen Worten: Man darf Rons Weisheiten studieren. Dazu eignet sich hervorragend der HQS-Kurs (HQS = Hubbard Qualified Scientologist = Hubbard Qualifizierter Scientologe). Die Kurse werden mit Prüfungen und Diplomvergabe abgeschlossen. Eine Prüfung muss zu 100 Prozent bestanden sein; 90 Prozent sind nicht gut genug, und es heißt dann: den Kurs nochmal komplett studieren!

Der HQS-Kurs beinhaltet mehrere kleine Kurse. Da ist zunächst der *Studierkurs,* in dem man studiert, wie man richtig studiert. Denn auch das weiß Hubbard am besten. Man könnte zu der Ansicht gelangen, man sei im Kindergarten, denn im Kursraum findet man überall auf den Tischen Bauklötze und Knetmasse. Dies ist „Demo-Kit" (= Demonstrationsmaterial), mit dem man dem Kursleiter demonstriert, dass man das soeben Studierte auch verstanden hat, indem man aufwendig stundenlang Auditoren, E-Meter, Tische und Sonstiges knetet, um eine gelesene Situation plastisch darzustellen. Nur so kann man Gelesenes wirklich verstehen, merken Sie sich das!

Es folgt der *Kommunikationskurs,* der sehr häufig auch als Einstiegskurs angeboten wird. Es gibt übrigens im Anfängerbereich keine bindend vorgeschriebene Reihenfolge der einzelnen Kurse oder Auditingschritte. Nach Ausfüllen des berühmt-berüchtigten Persönlichkeitstests und ausführlicher Unterhaltung mit der anzuwerbenden Person wird dieser dann ein speziell auf ihre Probleme zugeschnittenes Programm oder Kursangebot unterbreitet. Sehr häufig ist dies der Kommunikationskurs, es kann aber auch, zum Beispiel bei Firmenkunden, ein Managementkurs sein. In Frage käme auch der PTS-Kurs, der Integritätskurs, ein Studierkurs oder ein spezieller Kurs für Künstler. Auch der Reinigungs-Rundown steht manchmal am Anfang. Nicht selten werden auch spezifische Dienstleistungspakete verkauft, die ihrerseits dann oft den Kommunikationskurs beinhalten. Dieser ist etwas völlig anderes, als man sich landläufig darunter vorstellt.

1. Übung: Sie sollen lernen, bequem da zu sein und eine andere Person zu konfrontieren. Student und Trainer sitzen mit zirka einem Meter Abstand einander gegenüber. Sie sitzen und schauen einander an und sagen und tun nichts für einige Stunden. Der Student darf nicht blinzeln, sich nicht bewegen, nicht sprechen, sich nicht räuspern oder husten und natürlich auch nicht einschlafen. Schöne Übung, was? An ihrem Ende sollte sich ein größerer stabiler Gewinn einstellen, und ich könnte

mir vorstellen, dass so mancher etwas zusammenfantasiert hat, um diese Übung abschließen zu dürfen.

Zudem ist dieses Konfrontieren nicht so harmlos, wie es zu sein scheint. Professor Norbert Nedopil von der Psychiatrischen Klinik der Universität München hat festgestellt, dass diese Technik des Reizentzugs zumindest bei psychisch labilen Menschen die Gefahr von psychotischen Dekompensationen in sich birgt.

2. Übung: Wie zuvor, nur dass der Trainer jetzt versucht, den Studenten aus der Reserve zu locken, indem er Witze erzählt, Grimassen schneidet, ihn beschimpft und anderes mehr. Der Student darf nicht reagieren.

Die weiteren Übungen bestehen daraus, Sätze klar auszusprechen, deutliche Antworten zu geben und in einem Gespräch sich nicht von einem gegebenen Thema ablenken zu lassen. Damit endet der Kurs auch schon, und der Student ist befähigt, jedwede Kommunikation zu kontrollieren und zu einem für ihn zufriedenstellenden Ergebnis zu bringen.

Nun kommt der *Kontrollkurs*. Sein Zweck ist es, Anweisungen mit solcher Bestimmtheit vorzutragen, dass das Gegenüber mit Sicherheit der Anweisung Folge leistet. Ziel: andere Menschen totaler Kontrolle zu unterwerfen beziehungsweise Macht über sie auszuüben.

Die Art zu trainieren könnte man als ziemlich verrückt bezeichnen. Man platziert einen Aschenbecher auf einen Stuhl, stellt sich daneben und schreit den Aschenbecher mit der größtmöglichen Lautstärke an: „Erhebe dich von dem Stuhl!" (Man geht für diese Übung in ein eigens dafür installiertes, schalldichtes Kämmerchen.) Der Nachdruck liegt darauf, dass die Absicht, der Aschenbecher möge sich erheben, so groß ist, dass man regelrecht erwartet, er würde genau das jeden Moment tun. Wenn man diese Überzeugung in sich aufgebaut hat, darf man die Anweisungen in normaler Lautstärke geben. Es folgen weitere ähnliche Übungen, unter anderem auch, einen Studienpartner, der den Preclear mimt, mittels Anweisungen durch das Zimmer zu schicken und ihn, falls er sich weigert, durch Schieben, Drücken, Ziehen und Ähnliches zur Befolgung der Befehle zu zwingen.

Der nächste Schritt ist der *Emotionskurs.* Hubbard hat eine genaue Aufstellung aller Emotionen vorgenommen und sie analysiert und katalogisiert. Die Emotionen eines Menschen liegen zum Beispiel auf einer Skala zwischen 4,0 = Begeisterung und 0,0 = Körpertod. Dazwischen befinden sich zirka 30 Emotionsstufen von Interesse (3,5) bis Apathie (0,05). Ein Thetan ohne Körper hat noch eine größere Bandbreite an Emotionen, die von +40 = „Heitere Gelassenheit des Seins" bis -40 = „Totales Versagen" reicht.

Auf dem Emotionskurs gibt es Übungen, wie man die Emotionsstufe eines Menschen erkennen und auch anheben kann. Außerdem gibt es Klassifizierungskarten, auf denen die typischen Eigenschaften eines Menschen entsprechend seiner Emotionsstufe festgehalten sind.

Nun folgt der *Co-Audit-Kurs,* das heißt das erste Auditoren-Training (noch ohne E-Meter), wobei man sich mit einem anderen Studenten wechselseitig auf einfachen Einführungsprozessen auditiert.

Den Schluss bildet der *FSM-Kurs,* der im Kapitel „Preise und FSM-System" gesondert behandelt wird.

Nach bestandener Prüfung gehört man zu den qualifizierten Scientologen, und jede Menge weit größerer und erfolgversprechenderer Kurse erwartet einen.

Eigentlich sollte sich ja jeder Scientologe als professioneller Auditor ausbilden lassen, auch wenn er nicht Mitarbeiter werden möchte; denn das Wissen, das bei diesen Ausbildungen erworben wird, ist schlichtweg unbezahlbar wertvoll, denn es kann auch „auf das Leben angewendet" werden und wird außerdem als Vorbedingung für OT IX zwingend gefordert. Eine solche Ausbildung muss in den fortgeschrittenen Organisationen AOSH EU & AF/Kopenhagen, Saint Hill/East Grinstead oder Flag/Florida absolviert werden. Dauer: zirka ein Jahr Vollzeitstudium. Vollzeit bedeutet in Scientology: sechs Tage pro Woche zu je zehn Stunden.

Neben den bisher erwähnten Kursen und Auditingstufen gibt es noch viele spezielle Rundowns wie „Der Rundown zum Glücklichsein", „Der Falsche-Ziele-Rundown", „Lebensreparatur", „Rundown für ein neues Leben", „Vitalitäts-Rundown" und unzählige Studierkurse. Beschäftigungsmangel oder Langeweile sind jedenfalls nicht die Probleme eines Scientologen.

Dann endlich ist der Preclear clear und bereit für die OT-Stufen. Er ist nicht nur gespannt darauf, welche Erkenntnisse ihm das geheime Material bescheren wird, sondern er möchte auch all die Dinge erreichen, die ihm für diese Stufen versprochen wurden, wie zum Beispiel eine bessere Wahrnehmung. Hier ist es interessant zu erfahren, dass Kurzsichtigkeit eine Folge von Overts (= Sünden) sein soll. Der Preclear will seine begangenen Verfehlungen nicht anschauen, deshalb schränkt er (natürlich unbewusst!) seine Wahrnehmung ein. Brillen sind deshalb bei Scientologen der oberen Stufen verpönt. Seltsam nur, dass man selbst unter den OTs der Stufe V noch Brillenträger finden kann. – Arbeite besser hart daran, lieber Scientologe, deine Brille loszuwerden, sonst sieht dir jeder schon von Weitem an, dass du einiges auf dem Kerbholz hast!

Doch welche Erfolge werden uns noch durch die Absolvierung der OT-Stufen prophezeit? Da wären zum Beispiel völlige Selbstbestimmung und ein um ein Vielfaches erhöhtes Einkommen. Wie so etwas möglich ist? Das wird sich automatisch ergeben, denn die Zukunft wird sowieso wunschgemäß verlaufen.

Darüber hinaus wird der Pre-OT nicht nur außerkörperliche Erfahrungen machen; nein, es geht sogar so weit, dass der Thetan durch all die „Erleichterungen", die er im Auditing erfährt, sich aus dem Kopf befreien kann und in die Lage versetzt wird, seinen Körper von außerhalb zu dirigieren und zu kontrollieren. Außerdem erlangt der Pre-OT auch ein hohes Maß an telepathischen und psychokinetischen Fähigkeiten, Vorauswissen, und er wird noch andere magische Dinge beherrschen. Daneben erfährt er restlose Heilung aller noch bestehenden körperlichen Unpässlichkeiten und geistigen Beeinträchtigungen. Er wird ein Supermensch!

Das geheime Material, Teil 1

Das Material der OT-Stufen ist Geheimmaterial und wird strengstens unter Verschluss gehalten. Im HCO-Policybrief vom 11. August 1971 betont Ron, dass dies nicht aus Gründen der Verschleierung oder aus finanziellen Gründen geschieht, sondern weil das Material so machtvoll ist, dass es einen Menschen, der für diese Stufen noch nicht bereit ist, krank machen, ab OT III aufwärts sogar töten kann. Die Geheimhaltung erfolgt also angeblich nur aus Sicherheitsgründen, sodass kein Unbefugter Schaden nimmt.

Meines Erachtens wird es vor allem deshalb unter Verschluss gehalten, um ein Mysterium zu erzeugen. Scientologen der unteren Stufen platzen vor Neugier und schauen ehrfurchtsvoll zu jenen empor, die das Material kennen. Den Beweis für meine Annahme liefert der HCO-Policybrief vom 7. Februar 1979 mit dem Titel „Come-on-Disseminierung", in dem Hubbard sinngemäß erklärt: Wenn man den Leuten sagt, dass es da etwas gibt, aber ihnen nicht sagt, was es ist, werden sie automatisch danach verlangen. Man sagt ihnen, wie und wo sie die Geheimnisse lüften können, aber man lüftet sie nicht selbst. Jede Dienstleistung sollte mit einem Mystery enden, das nur die nächste Dienstleistung lösen wird. Auf diese Weise kann man Leute ausgezeichnet durch immer mehr Kurse und Auditings ziehen, vorausgesetzt, man war von Anfang an so richtig geheimnisvoll. Im Vortrag „Die Bestandteile der Beingness" aus der Vortragsreihe „The Anatomy of the Spirit of Man Congress" (Kongressvorträge über den Aufbau des menschlichen Geistes) bringt Hubbard es auf den Punkt: „Einer der größten Kontrollfaktoren, die es gibt, sind Geheimnisse. Etwas als Geheimnis zu präsentieren, kann zu einer Versklavung führen ..."

Außerdem glaube ich, dass ein Scientology-Neuling, wenn er dieses Material zu Gesicht bekäme, wahrscheinlich schnellstens die Segel streichen und sich von diesem verrückten „Haufen" absetzen würde. Die Geheimhaltung hat also schon ihre guten Gründe, wenn wohl auch andere als offiziell angegeben werden.

Wenn Sie auf solche Warnungen von Ron auch nur einen Pfifferling geben und womöglich Angst haben, das Material könnte Sie krank machen, dann bitte ich Sie, die nächsten Kapitel einfach zu überspringen und erst bei „Preise und FSM-System" wieder einzusteigen. Aber ich kann Sie beruhigen: Mehr als nur eine Handvoll Nicht-Scientologen hat das Material bereits vor Ihnen zu Gesicht bekommen, und bisher hat keiner auch nur einen Schnupfen davongetragen.

OT I bis III sind Solo-Auditing-Stufen. Das bedeutet, jeder, der diese Stufen erklimmen möchte, muss vorher mit dem E-Meter vertraut gemacht werden (und auch ein eigenes besitzen), ebenso mit der Theorie dieser Stufen und mit der Auditing-Praxis; denn man auditiert diese Stufen allein, ohne professionellen Auditor, an sich selbst. Allerdings kann man dies nicht zu Hause machen. Die OT-Stufen sind nur an fortgeschrittenen Organisationen erhältlich, von denen es bisher weltweit nur fünf gibt: in Kopenhagen/Dänemark, in East Grinstead/England, in Sydney/Australien, in Los Angeles/Kalifornien und in der Hauptzentrale Flag in Clearwater/Florida. Dort erhält man, wenn man die Theorie abgeschlossen hat und zu auditieren beginnt, das geheime Material in sein Aktenköfferchen gepackt, das verschließbar sein muss. Damit marschiert man ins Hotel, auditiert eine Weile, bringt den Bericht über die Auditingsitzung wieder zur „Kirche", wo der sogenannte Fallüberwacher überprüft, ob man richtig auditiert hat und wie es vorangeht, und vorgibt, welche Schritte als nächstes zu auditieren sind. Es ist also ein ständiges Hin und Her, bis die Stufe abgeschlossen werden kann. Nur mit abgeschlossener Stufe darf man wieder nach Hause, Unterbrechungen sind nicht erlaubt. Was berührt wurde, muss auch behandelt werden, die Gefahr wäre sonst doch viel zu groß! Wenn man wegen der Zeitplanung nachfragt, wie lange es wohl voraussichtlich noch dauern könnte, bis man abschließen und nach Hause gehen kann, erhält man die lapidare Antwort: „Es dauert so lange, wie es dauert!" Mit einem Wort: Es ist individuell verschieden, und Voraussagen werden keine abgegeben. Dem Durchschnittsbürger, der zu Hause Job und Familie hat, hat dies schon oft gewaltige Probleme gebracht; aber wehe ihm, welche Probleme er vonseiten der Scientology bekäme, sollte er es wagen, unerlaubterweise mit unabgeschlossenem Auditing einfach abzureisen!

OT IV und V sind wieder Schritte, die man von einem Profi-Auditor geliefert bekommt, OT VI ist nur ein Kurs, und OT VII ist noch einmal Solo-Auditing, das man nun sogar zu Hause erledigen darf. Man ist ja jetzt schon groß! OT VI und VII sind übrigens nur in Flag/Florida erhältlich. Die ersten paar Wochen des Auditings auf OT VII muss man in Flag absolvieren. Läuft alles gut, darf man dann abreisen und zu Hause das Auditing dieser Stufe fortsetzen. Die Sitzungsberichte schickt man per Post nach Flag, immer mehrere zusammen, und wartet neue Anweisungen ab. Wenn allerdings einmal Schwierigkeiten auftreten oder Fehler unterlaufen, muss man selbstredend nach Flag zur Korrektur. Unabhängig davon sollte man sich sowieso alle sechs Monate dort sehen lassen. Man kann sich also recht gut vorstellen, wie diese Reisen ins Geld gehen und auch Zeit kosten. Die Stufen selbst müssen natürlich auch noch bezahlt werden, und so ist es kein Wunder, dass ein Scientologe, der nicht Mitarbeiter ist (die Mitarbeiter erhalten die Dienstleistungen verbilligt beziehungsweise müssen dafür arbeiten), sich unweigerlich früher oder später hoch verschuldet, es sei denn, er ist von Haus aus ein Krösus.

Ich werde Ihnen jetzt also auf den folgenden Seiten das Geheimmaterial der Scientology enthüllen und damit die Schleier über den sorgsam gehüteten Geheimnissen lüften. Meines Wissens ist es in dieser Ausführlichkeit noch nie zuvor der Öffentlichkeit zur Kenntnis gebracht worden. Ich stelle es Ihnen so vor, wie es einem Scientologen vorgelegt wird, und werde jeweils erst später meine persönlichen Bemerkungen dazu anbringen. Lesen Sie das Material und urteilen Sie selbst: Realität oder Science-Fiction, Wahrheit oder Schwindel?

OT I

Dies ist eine einfache und sehr kurze Stufe. Man braucht nicht einmal ein E-Meter dazu. Man geht einfach auf die Straße und unter Menschen und führt die erhaltenen Anweisungen aus. Dazu gehört zum Beispiel Menschen zählen und beobachten. Das Zählen dient dem Zweck festzustellen, dass es genügend Körper gibt und dass kein momentan körperloser Thetan Angst zu haben braucht, er würde vielleicht keinen Körper mehr abbekommen (laut Ron sind dies angeblich Ängste, die die Thetane zwischen den Leben, das heißt den einzelnen Inkarnationen, plagen). Das Beobachten soll den Unterschied zwischen einem Nicht-Scientologen und einem Clear oder OT verdeutlichen: Der Nicht-Scientologe läuft mit mürrischem Gesicht, verschlossen, abweisend durch die Gegend, während ein Clear fröhlich, aufgeschlossen, harmonisch wirkt und lächelt. Wie gesagt, OT I dient lediglich dazu, den Betreffenden in gute Stimmung zu versetzen, ihn darin zu bestätigen, dass er auf dem richtigen Weg ist und dass er sich auch schon ein kleines bisschen elitär fühlen darf.

OT II

Diese Stufe ist schon heißer. Sie behandelt die Gesamtzeitspur, das heißt große einschneidende Geschehnisse, die alle Menschen kollektiv betreffen und die jeder in dieser Form erlebt hat. Diese gemeinsamen Geschehnisse sind bestimmte schwere Implants. Die Implants verursachten GPMs (goals problem masses = Ziele-Problemmassen). Eine Ziele-Problemmasse entsteht dadurch, dass den Thetanen jeweils zwei entgegengesetzte Ziele elektronisch eingepflanzt wurden, und aus zwei entgegengesetzten Zielen entsteht ein Problem. Beispiele der Gegensätze:

Vertrauen – Nichtvertrauen
Wissen – Nichtwissen

Glauben – Nichtglauben
Vergessen – Nichtvergessen

Ein Thetan möchte also eigentlich wissen, er will aber auch (wegen des Implants) nicht-wissen; und nun hat er ein Problem, denn er weiß nicht, ob er ursprünglich nun wissen will oder nicht. Solche Probleme erzeugen naturgemäß eine Zerrissenheit im Wesen und somit widersprüchliches Verhalten. Die Ziele-Problemmassen sind schwarze geladene Massen auf der Zeitspur. Wenn man sie auflöst beziehungsweise ausauditiert, verschwinden Zwiespältigkeit und Unsicherheit im Charakter eines Menschen, und er weiß endlich, was er eigentlich will und wie er es erreichen kann.

Praxis: Man bekommt Tafeln vorgelegt, sogenannte Platens, auf denen die implantierten gegensätzlichen Begriffe aufgelistet sind. Es gibt davon sehr, sehr viele. Auf jedem Platen sind an die 50 Begriffspaare aufgeführt, und die Anzahl der Platens beträgt in etwa 30. Man konzentriert sich auf die jeweiligen Begriffe und beobachtet und notiert den Ausschlag am E-Meter. Das gleiche Begriffspaar wird so lange bearbeitet, bis das E-Meter keine Ausschläge mehr anzeigt, sondern eine „Schwebende Nadel". Dann geht man zum nächsten Begriffspaar über. Müsste man alle Platens durcharbeiten, könnte das Monate dauern, aber die Funktionsweise ist hier wie schon beim Clear-Gehen: Irgendwann kann man die Implants so gut konfrontieren, dass sich die Ladung der restlichen Implants von selbst auflöst. Dies ist der Abschluss von OT II.

Die ganze Sache kam mir ziemlich unpersönlich vor. Im Gegensatz zu den niedrigeren Stufen ist man hier überhaupt nicht emotional beteiligt, man hat es nur mit abstrakten Begriffen zu tun. Das einzige Anzeichen, dass man überhaupt etwas auditiert, sind die Ausschläge des E-Meters. Damit Sie sich hier eine Meinung bilden können, müssen Sie ein wenig über die Funktionsweise des Elektrometers (E-Meter) wissen, weshalb ich nun im Anschluss das E-Meter abhandeln werde.

Wie funktioniert das E-Meter?

Das Elektrometer ist ein Gerät, das im Grunde nicht viel anders aufgebaut ist als ein Lügendetektor und auch ähnlich funktioniert. Es ist eine Vorrichtung zum Messen des Widerstandes gegen das Fließen eines elektrischen Stromes. Man hält in jeder Hand eine Elektrode (Blechdose), die mit einem Kabel am Gerät befestigt ist. Das E-Meter leitet einen minimalen elektrischen Strom von einem halben Volt durch den Körper und misst gleichzeitig den elektrischen Körperwiderstand, der zwischen 500 Ohm und 1.000.000 Ohm schwanken kann („Das einführende E-Meter Buch" von L. Ron Hubbard). Gemäß „E Meter Essentials 1961 L. Ron Hubbard" wird der durch den Körper geleitete Strom von geistigen Bildern und Emotionen beeinflusst. Wenn also ein Preclear etwas denkt, reagiert das E-Meter.

Zwei wichtige Bestandteile des E-Meters sind:
  a) der Tonarm, ein Drehregler zur Anpassung des Geräts an den Körperwiderstand des Preclears beziehungsweise an dessen Sensitivität
  b) ein Messinstrument mit Skala und Nadel

Tonarmeinstellung und Nadelreaktion sind die beiden wichtigsten Arbeitshilfen des Auditors. Es gibt eine Vielzahl verschiedener Nadelreaktionen, die alle eine bestimmte Bedeutung haben. Auch die Veränderungen des Tonarms während einer Auditing-Sitzung geben dem Auditor Hinweise darauf, was mit dem Preclear geschieht. Es würde aber zu weit führen, hier weiter in Details zu gehen.
   Das E-Meter soll jedenfalls Bereiche anzeigen, die bei einem Preclear „geladen" sind, das heißt, wo etwas nicht in Ordnung ist, wo etwas Traumatisches oder Unmoralisches vorliegt, das auditiert werden kann/muss (Ladung ist der elektrische Impuls bei einem Fall, der das E-Meter aktiviert).

Der Knackpunkt ist aber, dass Dinge, die sich unterhalb der Realitätsebene des Preclears befinden, *keine* Anzeige am Elektrometer ergeben. Also: Das E-Meter reagiert nur auf solche Dinge, die dem Preclear real sind, das heißt, über die er sich bewusst ist. Ich frage beispielsweise eine Person, ob sie ihre Mutter einmal betrogen hat. Nun, diese Person hat vielleicht Geld aus Mutters Tasche genommen, betrachtet dies aber als normal und nicht als Betrug. Das E-Meter wird nicht reagieren, und die Angelegenheit bleibt unerledigt und unauditiert liegen. Das ist meines Erachtens auch der Grund dafür, warum manche Fragelisten, die im Auditing verwendet werden, anscheinend immer wieder die gleichen Fragen bringen, nur in unterschiedlicher Formulierung. Man möchte die Realität des Preclears treffen, damit einem auch ja nichts durch die Lappen geht. Ein Beispiel dafür könnten folgende Fragen sein: Hast du dich mit deiner Schwester gestritten? Hattest du eine andere Meinung als deine Schwester? Hast du etwas gesagt oder getan, wofür deine Schwester dir böse ist? Hat deine Schwester einen anderen Standpunkt vertreten als du? – Und beliebig so weiter.

Diese Fragerei bewirkt allerdings noch etwas anderes beim Preclear. Durch das häufige Nachfragen in die gleiche Richtung kommt der Preclear auf die Idee, dass mit seiner Schwester vielleicht doch etwas nicht stimmen könnte, und entwickelt eine Art „überspitztes Gewissen" seiner Schwester gegenüber. Schließlich wird er eine Meinungsverschiedenheit finden, und die wird dann im Auditing behandelt, obwohl es ursprünglich vielleicht gar nicht nötig gewesen wäre.

Das Gegenteil gibt es übrigens auch. Man kann das E-Meter nämlich durchaus überlisten. Wenn jemand seinen Geist gut unter Kontrolle hat und den Zustand der „Gedankenstille" erzeugen kann, wie es zum Beispiel im autogenen Training oder in der Meditation geübt wird, kann er durchaus eine E-Meter-Reaktion verhindern. Dies wird er normalerweise zwar nicht tun, wenn er durch das Auditing Erfolge erzielen will, aber es gibt doch immer wieder Punkte, über die der Preclear sich scheut zu sprechen. Also erzeugt er die Gedanken-stille und kommt so um die Besprechung des wunden Punktes herum.

Der Stolperstein, der mir lange im Weg lag, ist folgender: Wenn die Geschehnisse der OT-Stufen tatsächlich nur Rons Fantasie entspringen, wie ist es dann zu erklären, dass das E-Meter eine Anzeige bringt und nach einigen Durchgängen eine „Schwebende Nadel" produziert? Die Antwort ist, dass durch das vorherige Studieren der Theorie des OT-Materials ein Bewusstsein für diese Pseudogeschehnisse entwickelt wird, das heißt, der Pre-OT glaubt mit absoluter Sicherheit, dass ihm hier etwas Schreckliches zugestoßen ist und dass das selbst-verständlich auch heute noch schwer auf ihm lastet und ihn negativ beeinflusst. Allein die Vorstellung dieses Schrecklichen versetzt ihn in Aufregung.

Ich habe einmal den Versuch unternommen, mich ans E-Meter gesetzt und an Schlimmes gedacht, das mir aber nicht wirklich passiert ist: meine Wohnung brenne, mein Partner verlasse mich, es tauchten Monster auf … – das E-Meter hat jedesmal deutlich reagiert! Auf Fantasiertes! Genauso ist es bei den OT-Stufen: Dir wird zunächst beim Studieren des Mate-rials vorgesetzt, wovor du Angst haben musst, welche furcht-baren Dinge du erlebt hast, und du konzentrierst dich darauf und erhältst natürlich eine Anzeige! Du konzentrierst dich wieder darauf und wieder und wieder, und irgendwann ist die Geschichte einfach flach, langweilig, hat ihren Reiz verloren; du bist froh, dass es verschwunden ist, dass du damit fertig bist, und deine Nadel schwebt! Das ist das ganze Geheimnis.

Das geheime Material, Teil 2

OT III – Die Feuerwand

Nun endlich ist der Pre-OT so weit, das zu erfahren, wofür er große Mühe, viel Zeit und Geld investiert hat. Jetzt darf er erfahren:

Vor zirka 75 Millionen Jahren ereignete sich in diesem Sektor des Universums eine Katastrophe von solchem Ausmaß, dass noch heute jeder Mann, jede Frau und jedes Kind darunter leidet. Zu diesem Zeitpunkt hat nämlich der Kopf einer interplanetarischen Konföderation von 76 Planeten, sein Name war Xenu, die enorme Überbevölkerung (im Schnitt etwa 250 Milliarden Einwohner pro Planet) auf die folgende Weise gelöst:

Er ließ die Bewohner gefangen nehmen, erschießen, einfrieren und auf unsere Erde befördern, die damals Teegeack genannt wurde. Hier ließ er sie zusammen mit den Bewohnern von Teegeack in die Nähe größerer Vulkane bringen. Die Krater der Vulkane ließ er sodann mit H-Bomben bombardieren. Die freigewordenen Thetane wurden in einer elektronischen Falle gefangen und implantiert. Anschließend wurden sie zusammengepackt und in Kisten abtransportiert. Die Thetane aus dem pazifischen Raum wurden nach Hawaii, die vom atlantischen Raum nach Las Palmas gebracht.

Xenus Helfer sind heute verschwunden. Er selbst wurde später von anderen Thetanen in einer elektronischen Falle gefangen, in der er sich noch heute befindet, und diese ist in den Pyrenäen stationiert.

Ein einzelner menschlicher Körper wurde also dann mit Tausenden auf diese Weise gefangenen und zusammengepackten Thetanen platzsparend „bestückt". Es sind dies degradierte und hilflose Seelen, die sich einen einzigen Körper teilen müssen, auf den sie zwar einen gewissen Einfluss ausüben, den sie aber nicht allein befehligen können. Diese Thetane werden Body-Thetans (Körper-Thetane) oder kurz BTs genannt. Viele von ihnen sind auch in Gruppen zusammengepackt, hängen also aneinander, sind voneinander abhängig und reagieren wie ein einziges Wesen. Sie werden auch als ein Ganzes angesprochen und auditiert. Solche Gruppen von BTs nennt man Cluster. Wenn der Körper stirbt, begeben sich seine sämtlichen BTs und Cluster zusammen mit dem „Hauptthetan", also der eigentlichen Seele, zu einem neugeborenen Körper.

Die Gefahr

Das OT-III-Material beinhaltet also Folgendes: Ein menschlicher Körper wird nicht nur von *einer* Seele oder *einem* Geist, sondern von Tausenden bewohnt. Dichtgedrängt an, im und um den Körper sitzen unzählige Thetane. Der Haupteigentümer des Körpers, der bewussteste und fähigste dieser Thetane, ist man selbst. Aber da sind viele andere, die auf mich und meinen Körper einwirken, ihre eigene Meinung haben und auch kundtun, die ihre Engramme, ihre Probleme und Verstimmungen haben, und man kann nie sicher sein, *wer* sich da gerade zu Wort meldet, wenn man einen Gedanken denkt oder ein bestimmtes Gefühl empfindet. Man agiert also als zusammengesetztes Wesen. Eine schöne Bescherung! Da denkt man, als Clear hätte man sich alles Negativen entledigt, sei gesund, fähig, total analytisch – und erfährt nun, dass man in Wirklichkeit ein zusammengesetztes Etwas ist. Immer noch reagiert man oft aberriert, da die vielen BTs ja nicht clear sind. Außerdem kann man nicht einmal unterscheiden, ob man es selbst ist, der etwas möchte oder der traurig ist, oder jemand anderes. Wenn das nicht wahnsinnig macht! Zumindest bietet es eine perfekte Erklärung dafür, warum man auch jetzt noch krank wird, Missemotionen hat, unlogisch reagiert und so weiter. Man selbst ist ja okay, aber die anderen …

Diese Scientology-Falle ist perfekt. Man hat schon so viel erreicht, aber mit diesem Wissen, wie könnte man da aufhören? Das Selbstbewusstsein ist am Boden, denn solange diese anderen da sind, ist man ja praktisch unzurechnungsfähig! Da gibt es nur eines: auditieren, auditieren und diese armen Wesen befreien. Je mehr von ihnen befreit werden, desto mehr wird man „man selbst", endlich frei … Man auditiert also die „Feuerwand" und weiß nun ganz sicher, warum es für jeden einzelnen Menschen so wichtig ist, Scientology zu machen, denn nur hier gibt es die Lösung für alle Probleme der Menschheit. Der einzige Weg hinaus aus dem Wahnsinn ist: Hinein in Scientology! Und nach bestem Wissen und Gewissen arbeiten Scientologen an der Verbreitung ihrer Lehre, wollen Leute „hereinholen", denn eines ist ja klar: Bevor ein Mensch nicht auf diese Weise befreit worden ist, können Kriege, Kriminalität und Unvernunft auf unserem Planeten kein Ende nehmen.

Und jetzt werdet ihr wieder aufgebaut: Wenn ein solcher „Körper-Thetan" befreit worden ist, ist er *clear*, also besser als der Durchschnittsmensch; und wenn diese vielen Clears sich dann wieder einen Körper nehmen – wie schnell wird sich die Gesellschaft zum Positiven verändern können! Wir sind der „Klärung" des Planeten damit einen entscheidenden Schritt nähergekommen! Also, ihr habt nicht nur die Verantwortung, euch selbst zu befreien, sondern auch die vielen anderen Wesen in und an eurem Körper. An die Arbeit! Und es wird gearbeitet. Man versteht ja auch plötzlich alles. Warum Menschen so zwiespältig reagieren können. Warum es so wichtig ist, dass jeder Scientologe wird. Es ist wirklich ein Abenteuer! Nach mehreren Wochen harter Arbeit hat man es dann geschafft. Man schließt die Stufe OT III ab und ist ganz man selbst; welch ein Glück – und welche Dankbarkeit für Ron! Er hat uns das Leben gerettet.

Die Praxis: OT III wird absolviert, indem man zunächst die Theorie studiert (das heißt liest, was da angeblich passiert ist) und dann dieses Geschehnis an jedem einzelnen BT wie ein Engramm auditiert. Man lokalisiert einen BT, indem man seine Aufmerksamkeit langsam über den Körper gleiten lässt. Wenn das E-Meter einen Ausschlag anzeigt, konzentriert man sich auf diese Stelle, wo der BT sitzt, und nimmt telepathischen

Kontakt mit ihm auf. Dann auditiert man ihn nach genau festgelegten Schritten. Im Laufe des Auditings verliert der BT seine „geistige Ladung", wird clear, lässt den Körper los und verschwindet als freies Wesen. Dann sucht man den nächsten BT. Dies wird so lange fortgesetzt, bis kein BT mehr aufzufinden ist.

Sollte man beim Auditieren dieses Geschehnisses einen Fehler machen, kann das gefährlich werden. Man kann in einen „Freilauf" geraten, wo man aus dem Geschehnis nicht mehr herauskommt. Die Folgen sind Schwindel, Übelkeit, Desorientierung; und wird dieser Zustand nicht sofort repariert, könnte man sogar daran sterben. Deshalb wird immer wieder betont, dass man ein hervorragend ausgebildeter Auditor sein muss, wenn man diese Stufe in Angriff nehmen will.

Sollte ein BT einmal trotz des Auditierens dieses Geschehnisses nicht den Körper loslassen und verschwinden, muss ein noch viel früher liegendes Geschehnis als das zuvor beschriebene an ihm auditiert werden. Dieses Geschehnis heißt „Incident 1" (das obige ist „Incident 2") und hat sich vor ungefähr vier Billiarden Jahren zugetragen (zur Zeitangabe vergleiche S. 14). Damals erhielten alle hiesigen Thetane schwere Implants von einer Gruppe von Wesen, Psychs genannt, die laut Ron unseren heutigen Psychiatern mit ihren Elektroschocks nicht unähnlich waren. Spätestens beim Auditieren dieses ersten Geschehnisses löst sich der betreffende Thetan vom Körper ab.

Während man sich auf OT III auditiert, kann es unter Umständen mehrere Male vorkommen, dass man beim Absuchen des Körpers nach BTs keine E-Meter-Anzeigen mehr erhält und somit der Meinung ist, es seien keine Körper-Thetane mehr vorhanden und man könne diese Stufe abschließen. Meist ist der Fallüberwacher hier der Meinung, dass das so früh unmöglich sei. Deshalb erhält man in einem solchen Fall ein spezielles, natürlich extra zu bezahlendes Auditing, Review genannt, in dem durch besondere Fragetechniken und gezieltes Führen der Aufmerksamkeit des Pre-OTs erreicht wird, dass sich plötzlich so viele BTs bemerkbar machen, dass er sich regelrecht davon überschwemmt fühlt und sich nichts sehnlicher wünscht, als sofort in eine Solo-Sitzung zu gehen, um die BTs wegzuauditieren.

Nach so viel fixierter Aufmerksamkeit auf den Körper kann es nun jedoch passieren, dass man wochen- und monatelang auf OT III auditiert, doch das Auftauchen immer neuer BTs und Cluster will einfach kein Ende nehmen. Zuerst konnte man kaum welche finden, und nun sind es zu viele! Man fragt sich schon, ob man sich nicht im Kreise dreht und immer wieder dieselben BTs behandelt, ob man richtig auditiert hat oder ob die fraglichen BTs überhaupt verschwunden sind.

Der Verzweiflung nahe, wird man aber auch hier wieder von Ron gerettet: durch ein Auditing mit Namen „End of endless OT III Rundown" (Ende des endlosen OT-III-Rundowns). Dieses Auditing ist das Gegenteil des vorher erwähnten Review-Auditings. Wurden vorher die BTs zum Erscheinen gebracht, so müssen sie jetzt wieder verscheucht werden! Der aufgewühlte Pre-OT wird wieder beruhigt, das Jucken und die Druckgefühle in seinem Körper werden zum Abklingen gebracht, und er darf endlich guten Gewissens sein OT III abschließen.

Somit hat alles seine Ordnung, und außerdem ist sichergestellt, dass der Pre-OT, zufrieden mit sich und dem Erreichten, der Scientology weiterhin die Treue hält.

Das geheime Material, Teil 3

OT IV – OT-Drogen-Rundown

Das Glück über OT III währt leider nicht lange. Automatisch beobachtet und kontrolliert man seinen Körper, und schon bald bekommt man seltsame körperliche Empfindungen; mal drückt es hier, mal sticht es dort, und die Frage taucht auf: Habe ich doch nicht alle BTs wegauditiert? Ist hier noch jemand? Selbstzweifel machen das Leben zur Hölle, bis man genügend Geld zusammengekratzt hat, um wieder nach Kopenhagen, East Grinstead oder Florida zu reisen, bereit für Korrekturen und/oder OT IV.

OT IV ist der OT-Drogen-Rundown. Für diese Stufe braucht man einen professionellen Auditor; Solo-Auditing ist nicht möglich. Nach den ersten Schritten ist man erleichtert: Es sind zwar tatsächlich noch Thetane da, aber das ist völlig normal. Sie wurden durch die frühere Einnahme von Drogen, Alkohol oder Medikamenten an den Körper „geklatscht", und man muss sie besonders behandeln.

Die Verfahrensweise ist hier so, dass man dem Auditor alle Medikamente, Drogen oder alkoholischen Getränke aufzählen muss, die man in diesem Leben zu sich genommen hat. Während dieser Auflistung beobachtet der Auditor, welche der aufgeführten Medikamente etc. am E-Meter eine Anzeige ergeben, das heißt geladen sind beziehungsweise schädlich für den Pre-OT waren.

Diese werden aufgegriffen, und man sucht nach OT-III-Manier den Körper nach *den* BTs oder Clustern ab, die durch die (Körper und Geist schädigende) Einnahme der entsprechenden Drogen an den Körper geklebt wurden, und auditiert sie einzeln, bis auch diese Thetane früher oder später weichen; und jetzt fühlt man sich vollkommen rein!

OT V – NED für OTs
(NED = Neue Ära der Dianetik)

Was uns wohl auf OT V erwartet? Ganz richtig! Es gibt immer
noch sehr, sehr viele Thetane an deinem Körper, lieber Scientologe, nur diese sind bewusstlos, sie haben Millionen von Jahren
„geschlafen"; man muss sie erst aufwecken. Manche sind durch
das Auditieren von OT III und IV schon aufgewacht, und jetzt
muss man sie natürlich alle wegauditieren, klären, befreien!

OT V behandelt also die BTs und Cluster, die sich in „schla-
fendem" Zustand befinden und mit OT III nicht gehandhabt
worden sind. Man braucht hierzu wieder einen Profi-Auditor;
der Pre-OT verfügt nicht über genügend geistige Stärke, diese
BTs ohne fachmännische Hilfe konfrontieren zu können.

Während des Auditings auf OT V sind dem Pre-OT Fern-
sehen und Kino strengstens verboten. Auf dieser Stufe wird
alles, was mit Bildern zu tun hat, verdammt. Bilder werden als
etwas Schlechtes betrachtet, und zwar deshalb, weil alle Bilder,
die der Pre-OT innerlich sieht, angeblich von den Körper-Thetanen stammen. Laut Hubbard ist der Pre-OT auf OT V in der
Lage, etwas einfach „zu wissen", er braucht sich das nicht vorzustellen oder geistige Bilder dabei zu sehen. Sollten bei einer
Vorstellung oder Erinnerung Bilder vor seinem geistigen Auge
auftauchen, stammen sie nicht von ihm, sondern von BTs.

Dies hat zur Folge, dass auch Träume als etwas Nega-
tives angesehen werden. Hubbard vertritt die Meinung, dass
Träume nicht nur überflüssig, sondern obendrein bei einem
Pre-OT der Stufe V auch noch ein sehr schlechtes Zeichen sind,
denn ihre Existenz bedeutet, dass der Pre-OT noch jede Menge
BTs beherbergt, die ihn mit einer Bilderflut überschütten.

Mit solch wirren und gefährlichen Aussagen wird der Pre-
OT zu Beginn seines Auditings auf OT V konfrontiert. Für ihn
ist es wie ein Schlag ins Gesicht. Er wird dadurch in tiefste
Verunsicherung und Minderwertigkeitsgefühle gestürzt. Man
stelle sich vor: Träume, die nachgewiesenermaßen eine ausglei-
chende und heilende Funktion für das Seelenleben haben und

ohne die ein Mensch auf Dauer nicht existieren kann, werden von Scientology verteufelt. Du darfst keine haben! Das bringt den Pre-OT in eine arge Zwickmühle, und er versucht krampfhaft, nicht mehr zu träumen. Wahrscheinlich ist es unmöglich, dies überhaupt zu bewerkstelligen, zumindest aber setzt es einen unter Umständen verhängnisvollen Verdrängungsmechanismus in Gang, der bewirkt, dass man sich an seine Träume, weil unerwünscht, nicht mehr erinnern kann.

Fast noch schlimmer sieht die Sache bei Erinnerungen aus. Ein normaler, gesunder Mensch wird bei allen Dingen, an die er sich erinnert, diese Dinge oder Geschehnisse als Bilder oder belebten Film vor seinem geistigen Auge ablaufen sehen. Je schärfer und intensiver die Bilder sind, desto besser. Dies soll nun alles nichts mehr wert, sondern im Gegenteil sogar schlecht sein. Was hier mit dem Selbstbewusstsein eines Menschen geschieht, können Sie sich vorstellen: Alle Bilder, die er sieht, sei es in Erinnerungen, Vorstellungen oder Träumen, haben nicht das Geringste mit ihm und seiner Persönlichkeit zu tun, sondern stammen allesamt von BTs. Was bleibt letztlich von ihm übrig? Was macht denn nun seine Identität aus, wer ist er überhaupt? Der Pre-OT denkt, er sei ein Wurm, alles bisher Erreichte sei nichts im Vergleich zu dem, was noch vor ihm liegt, und er fühlt sich mehr denn je hilflos und wertlos – es sei denn, er behebt diese Missstände unverzüglich durch das Auditieren von OT V! Die Abhängigkeit von Scientology besteht nun zu 100 Prozent.

Praxis: Beim zu Auditierenden stellt der Auditor mittels Befragung am E-Meter eine Ladung fest. Dann findet man, ebenfalls am E-Meter, heraus, ob diese Ladung zu einem BT oder einem Cluster gehört (Cluster: Anhäufung von BTs, die durch gemeinsame schlimme Erlebnisse aneinanderhaften und festgehalten werden). Dann lokalisiert man das entsprechende BT oder Cluster. Das heißt, man sucht seinen Körper nach Reaktionen ab. BTs und Cluster machen sich durch Prickeln, Druckgefühle, Ziehen oder Ähnliches bemerkbar. Sie sind auf so niedriger Bewusstseinsstufe, dass sie nicht einmal wissen, dass sie lebendig sind. Sie halten sich für Dinge, Tiere, andere Menschen, Bedeutungen, Meinungen, Ideen oder sonst etwas. Man fragt sie deshalb mittels Telepathie, *was* sie sind. Die Antwort wird in Konzepten übermittelt, nicht in Vorstellungsbildern. Wenn ein zu Auditierender die Antwort bildlich vor sich sieht, weiß er, dass etwas nicht stimmt. Man wiederholt die Frage, *was* sie sind. Dadurch bewegen sie sich auf der Zeitspur immer weiter zurück (indem sie praktisch ihre einzelnen Existenzen von der Gegenwart aus in der Zeit rückwärtsgehend aufzählen), bis sie in die frühe Zeit kommen, wo sie noch ursprünglich und bewusst waren. Sie können dann gefragt werden, *wer* sie sind, und sie werden erkennen, dass sie „*ich*" sind, und lösen sich los.

Cluster können sich ganz oder nur teilweise lösen. Den Rest davon muss man noch weiter behandeln. Sie können sich unter Umständen auch nur ein kleines Stück entfernen und bedürfen dann auch weiterer Hilfe (man muss den Verbindungsfaden gedanklich durchschneiden). Benachbarte BTs können ein Bild (eine Kopie) eines verschwundenen BTs gemacht haben. Dieses Bild ist dann spürbar und erweckt den Eindruck, als sei der BT noch da. Die „Nachbarn" können auch Bilder des gesamten Geschehens angefertigt haben. Durch Fragen nach Kopien löst sich dies. Manchmal denken BTs, sie *seien* ihre Nachbarn. BTs können auch gegenseitig Bilder machen oder kreuzweise und haben oft ähnliche Erlebnisse, das heißt, auf eine an *einen bestimmten* BT gerichtete Frage melden sich mehrere gleichzeitig. Wenn der zu Auditierende dann seine Aufmerksamkeit nicht ganz konzentriert auf den *einen* zu behandelnden BT fixiert hält, werden unter Umständen Hunderte auf einmal restimuliert, was sehr unangenehm sein kann und die Situation immer verzwickter werden lässt, weil sich nichts mehr löst. Mit einem Wort: Es herrscht totales Chaos.

Hinzu kommt noch, dass die Körper-Thetane sich nicht nur unmittelbar auf und sogar im Körper befinden, sondern sich auch noch in mehreren Metern Abstand vom Körper aufhalten können, mit diesem durch einen „geistigen Faden" verbunden.

Man muss also auch noch damit rechnen, dass überall in der Luft die Thetane nur so herumschwirren!

Machen Sie sich nichts daraus, wenn Sie meine obigen Beschreibungen nicht nachvollziehen können, denn dies ist, wie wir später noch sehen werden, die authentische Gehirnwäsche! Wer versucht, das zu glauben, wird innerlich total umgepolt, und jeder Scientologe versucht nicht nur, es zu *verstehen*, sondern auch noch, das Problem zu *lösen*. Wieder und wieder tauchen neue BTs auf; man wird sie nie los, was auch logisch ist, weil die ganze Sache sowieso nur auf Einbildung und Aberglauben beruht. Jeder kann, wenn er denkt, an einer bestimmten Stelle seines Körpers befinde sich etwas, diese Stelle zum Prickeln oder zu sonstiger Reaktion bringen. Man kann sich auch einbilden, man habe Kopfschmerzen. Die echten Schmerzen werden dann nicht lange auf sich warten lassen. Ich glaube, Sie haben jetzt eine Vorstellung davon bekommen, was unter Gehirnwäsche in Scientology verstanden werden muss und wie sich diese auswirkt. Einerseits fühlt man sich elitär, als Auserwählter, denn man kennt das „Geheimnis des Lebens", andererseits ist man diesem Wahnsinn ausgesetzt, wo man Angst hat, alles, was man tut, sei vielleicht nicht normal, nicht rational, nicht richtig, nicht man selbst. Schizophrenie ist gar nichts dagegen, denn der Schizophrene stellt sich nicht in Frage. Die einzige „Hilfe" in dieser Situation ist Scientology. Und das soll man freiwillig aufgeben? Niemals!

OT VI und OT VII (NED für OTs Solo-Auditing)

Die Stufe OT VI ist keine OT-Stufe im eigentlichen Sinne. Es ist mehr ein Kurs, in dem man lernt, das Material von OT VII an sich selbst zu auditieren. Man studiert die Theorie von OT VII. Laut Berichten von Leuten, die diesen Kurs absolviert haben, erwarten einen hier wiederum fantastische „Wahrheiten". Ich kann Ihnen nichts Genaueres darüber berichten, denn so weit war ich selbst noch nicht vorgedrungen. Ich kann mir aber vorstellen, dass die Verstrickungen immer mehr zunehmen. Mit Abschluss der Stufe ist man gerüstet für OT VII.

Es dürfte schon fast keine Überraschung mehr sein: Dort geht es nochmals weiter mit BTs und Clustern. Aus Andeutungen einiger Absolventen dieser Stufe glaube ich, mit Sicherheit annehmen zu können, dass hier die BTs und Cluster von Nicht-Scientologen behandelt werden. Nachdem das Endphänomen bei OT V „Ursache über Leben" heißt, was immer man darunter verstehen will (wahrscheinlich Ursache über die „lebenden" BTs), kann man davon ausgehen, dass *man selbst* jetzt einigermaßen von Körper-Thetanen verschont bleibt. Man hat aber natürlich immer wieder Probleme mit seinen Mitmenschen, weil die ja noch voller BTs und Cluster sind und entsprechend unvernünftig und chaotisch reagieren. Also, hier ist die Lösung: Man macht Auditing-Sitzungen, in denen man telepathischen Kontakt mit den BTs seiner Mitmenschen aufnimmt und diese auditiert und befreit. Nachdem der Körper-Thetan, der das zwischenmenschliche Problem geschaffen hatte, verschwunden ist, ist natürlich auch das Problem verschwunden. Müsste es zumindest sein. Weil aber diese Hirngespinste natürlich niemals der Wahrheit entsprechen können, findet logischerweise durch das Auditieren keine eigentliche Veränderung statt, ausgenommen vielleicht in der Einstellung des Pre-OTs dieser Sache gegenüber. Es gab keinen BT, also konnte er auch nicht verschwinden – und somit das Problem auch nicht. Wenn derjenige, der auf OT VII auditiert, nun bemerkt, dass das Problem immer noch vorhanden ist, kommt er selbstverständlich niemals auf die Idee, dass diese ganze Geschichte von den BTs eine von Ron inszenierte Science-Fiction ist, sondern er wird im Gegenteil den Fehler bei sich suchen. Habe ich einen Auditingfehler gemacht? Ist der BT gar nicht wirklich verschwunden? Hat ein anderer BT ein Bild davon gemacht? Oder hat ein anderer BT vielleicht das gleiche Problem? Es gibt ja so viele Möglichkeiten, was die Ursache sein könnte, man hat da sehr viel zu tun. Alles in allem ist OT VII eine jahrelange Arbeit.

An dieser Stelle ist es vielleicht noch interessant zu erwähnen, dass die Ziele der Scientology sich nicht etwa in der „Klärung des Planeten Erde" erschöpfen. Vielmehr fällt der Erde als erstem geklärten Planeten dieses Teils des Universums die Aufgabe zu, die anderen 75 ebenfalls von der Feuerwand (dem OT-III-Geschehnis) betroffenen Planeten anschließend zu klären! Dieses gigantische Unterfangen wird von Scientologen als der „intergalaktische Krieg" bezeichnet.

Man ist nun schon vor langer Zeit in eine psychische Abhängigkeit von Scientology geraten, denn ohne Scientology bleibt man ein Nichts oder vielmehr ein Zuviel. Erst auf OT VIII, mit dem Namen „Wahrheit enthüllt", wird man zum wahrhaft „Operierenden Thetan", und nur die Götter und Ron selbst wissen, was die Stufen oberhalb von OT VIII noch bringen. Natürlich existieren sie schon (wenn sie auch noch nicht freigegeben sind, die Freigabe erfolgt stufenweise, nachdem weltweit tausend Scientologen OT VIII abgeschlossen haben). Ron hat da ein schönes Erbe hinterlassen, verwahrt im atomsicheren Bunker, um auch nach einer eventuellen Atomkatastrophe für die Nachwelt erhalten zu bleiben. Welche Nachwelt, fragen Sie? Ja, wussten Sie denn nicht, dass ein Scientologe, der den Reinigungs-Rundown gemacht hat (und dieser ist Pflicht schon auf den unteren Stufen), immun gegen atomare Strahlung ist? Nein? Dann sollten Sie Rons Buch „Alles über radioaktive Strahlung" lesen und sich eines Besseren belehren lassen.

Doch zurück zu den OT-Stufen. Die Namen der nächsten, noch nicht freigegebenen Stufen lauten:

OT IX   –   Größenordnungen
OT X   –   Charakter
OT XI   –   Operierend
OT XII   –   Zukunft

Ab OT XIII sind noch nicht einmal die Namen der weiteren OT-Stufen in Erfahrung zu bringen, aber laut Insider-Angaben existieren schon noch gut 20 bis 25 weitere Stufen.

Die Technik der
Hubbardschen Gehirnwäsche

Zumindest in einem Punkt wird Hubbard seinem Prinzip der Geheimniskrämerei untreu: In seinem Buch „Alles über radioaktive Strahlung" beschreibt er dem staunenden Leser auf S. 83, was man unter Gehirnwäsche zu verstehen hat, und enthüllt dabei konkret seine eigene Technik der Gehirnwäsche:

„Gehirnwäsche ist ein sehr einfacher Mechanismus. Man bringt jemanden dazu, damit übereinzustimmen, dass etwas in einer bestimmten Art und Weise *sein könnte*, und dann zwingt man ihn durch Introvertieren und durch Selbstkritik dazu zu glauben, dass es tatsächlich so ist. Nur dann glaubt ein Mensch, dass die falsche Behauptung wahr ist."

Ich beziehe mich jetzt auf mein Kapitel „OT V – NED für OTs". Wenn Sie dieses Kapitel noch einmal lesen, werden Sie feststellen, dass die erfundenen Geschehnisse der OT-Stufen tatsächlich per Gehirnwäsche, wie oben von Ron beschrieben, ins Gehirn der Betroffenen eingepflanzt werden. Ron setzt einem völlig überzeugten Scientologen, der keines der Hubbard-Worte in Zweifel zieht, die Horrorgeschichte der Körper-Thetane (BTs) vor. Der Scientologe glaubt sie natürlich. Dann wird er auditiert, das heißt, der Auditor fordert ihn auf, an seinem eigenen Körper diese BTs zu finden. Dadurch konzentriert sich der Pre-OT auf sein Innerstes (er introvertiert), und selbstverständlich übt er auch Selbstkritik, denn er fängt an zu überlegen: „Dieses Verhalten, das ich manchmal an den Tag lege, scheint nicht optimal zu sein. Bin das überhaupt ich? Oder ist es ein BT, der mich beeinflusst?" Sie sehen, wie der Mechanismus funktioniert.

Auf S. 118 des Buches „Alles über radioaktive Strahlung" bringt Ron einen weiteren entlarvenden Satz. Er schreibt hier zwar über Strahlung, aber Sie können das ebensogut auf die Körper-Thetane anwenden. Ich zitiere: „... und (wenn) wir den

Leuten sagen: ‚Schaut, sie (die Strahlung) schwebt überall im Raum umher, ihr könnt sie aber nicht sehen', dann beginnen alle Übelkeit zu verspüren. *Wir können in der Scientology mit größter Leichtigkeit, einfach durch Restimulation und in Abwesenheit irgendwelcher wirklichen Strahlung, in bemerkenswertem Maße sämtliche Auswirkungen von Strahlung hervorrufen!"* (Hervorhebungen durch die Autorin).

Statt Strahlung nehmen wir nun die BTs, die suggeriert werden (denn eine Suggestion ist es und nichts anderes), und bei jedem, der darüber nachdenkt, welche Massen von BTs an seinem Körper kleben, und sich darauf konzentriert, werden sich die typischen Symptome wie Prickeln, Druck etc. einstellen. Das fasst der Pre-OT dann wieder als Bestätigung dafür auf, dass die ihm vorgesetzte Geschichte wahr ist, und er wird sie vehement gegen alle Einwände verteidigen. Abgesehen davon, macht natürlich niemand Einwände, denn die einzigen Menschen, die diese Geschichte bisher kannten, sind ja Scientologen; und Scientologen sind von der Wahrheit dessen, was ihnen von Ron vorgesetzt wird, überzeugt. Ein Pre-OT, der dieses Material gelesen, studiert, geglaubt und deshalb auch erfahren hat, wird von den anderen Pre-OTs und OTs (und das sind die Einzigen, mit denen er darüber sprechen darf) noch voll in seinen Überzeugungen bestärkt, was das Ganze nur noch verfestigt.

Dass Ron hier seine eigene Technik als Seelenfänger entlarvt, erscheint uns überraschend, entspricht jedoch seiner eigenen Theorie, wonach ein Verbrecher, der (wie jeder Mensch) im tiefsten Grunde seines Inneren eigentlich gut ist und weiß, dass seine verbrecherischen Handlungen *nicht* gut sind, deshalb am Tatort irgendwelche Spuren hinterlässt oder an den Tatort wieder zurückkehrt in der unbewussten Hoffnung, dass er als Täter entdeckt und seiner gerechten Strafe zugeführt wird.

So hat auch Ron in seinem Buch „Alles über radioaktive Strahlung" mit seiner eigenen Beschreibung eine Fährte für uns gelegt, sodass wir ihm auf die Schliche kommen und sehen können, dass *er selbst* nichts anderes in Scientology getan hat, als just diese Art der Gehirnwäsche bei seinen Anhängern zur Anwendung zu bringen.

Überhaupt war dieses Buch, das ja bei Weitem nicht zu seinen Hauptwerken zählt und eher ein relativ unbeachtetes Dasein fristet, eine Fundgrube für mich. Auf dem Umschlagblatt steht unter dem Titel, das Buch sei geschrieben von einem Kernphysiker und einem Arzt. Es besteht aus zwei Teilen: Teil 2 dieses Werks trägt den Titel „Buch Zwei – Des Menschen Unmenschlichkeit wider den Menschen" und ist von L. Ron Hubbard, dem Kernphysiker, geschrieben, wobei der Sektenexperte Pfarrer Friedrich-Wilhelm Haack (siehe „Literatur") ja nachgewiesen hat, dass Ron niemals einen Abschluss in Kernphysik gemacht oder ein Diplom erhalten hat, sondern im Gegenteil das Studium nach kurzer Zeit abgebrochen hat (siehe auch mein Kapitel über Ron).

Teil 1 mit der Überschrift „Buch Eins – Die Tatsachen über die Atombombe" ist geschrieben von einem Arzt mit Namen „Medicus", was unzweifelhaft ein Pseudonym ist. Dabei ist offensichtlich, wer sich hinter diesem Pseudonym verbirgt! Wenn man den ersten Teil des Buches mit dem zweiten vergleicht, lässt sich anhand des Stils schnell feststellen, dass es nur L. Ron Hubbard gewesen sein kann. Nachdem er sich selbst als Forscher, Erziehungsexperte, Philosoph, Physiker, Mathematiker, Ingenieur, Fachmann für Nautik, Pilot, Ernährungswissenschaftler, Künstler (Musiker, Fotograf, Filmemacher) und anderes mehr ausgegeben hat, hat er wohl gemerkt, dass eine öffentliche Deklaration als Arzt des Guten zuviel gewesen wäre, weshalb er dann einfach vorgab, ein Arzt sei der Verfasser dieses Buchteils gewesen, obwohl er selbst ihn geschrieben hat.

Die sehr unwahrscheinliche Alternative, dass der erste Teil tatsächlich von einem Arzt geschrieben wurde, ist dennoch nicht beruhigender. In diesem Fall wollte dieser wohl seinen wirklichen Namen nicht in Zusammenhang mit Scientology veröffentlicht sehen und hat deshalb ein Pseudonym gewählt.

Doch zurück zur Gehirnwäsche. Rons Ausführungen gehen nämlich noch weiter. Er schreibt auf S. 118: „Verunreinigung des Raumes und Gefahr im Raum macht den Menschen völlig zur Wirkung ...", was man von einer „Verunreinigung" des Körpers (BTs) und einer Gefahr für den Körper dann mit Sicherheit auch behaupten kann (Anmerkung der Autorin), „... und man wird zu dem Glauben geführt, dass man nichts daran machen könne." Die Lösung des Problems, so führt er weiter aus, liege im Konfrontieren, und damit könne man die Situation in den Griff bekommen; zu deutsch: Der Pre-OT wird im Auditing mit seinen (eingebildeten) Körper-Thetanen konfrontiert beziehungsweise dazu gebracht, mit ihnen zu kommunizieren, und dadurch bringt er sie zum Verschwinden.

Es kommt aber noch besser. Man muss einfach bei Rons Ausführungen sein Wort „Strahlung" durch „Körper-Thetane" ersetzen, und man sieht, worauf die Geschichte hinausläuft beziehungsweise was er damit bezweckt hat. Es geht auf S. 119 nämlich so weiter: „Welche anderen Faktoren stehen noch hinter Strahlung? Strahlung (Körper-Thetane) werden als Kontrollmechanismus benutzt. Sie wird (werden) benutzt, um Kontrolle über Menschen auszuüben" (Anmerkungen in Klammern jeweils von der Autorin).

In unserem Fall durch Ron! „Die Leute ... haben ... zu gehorchen. Mit der Zeit wird den Menschen klar, dass Strahlung (Körper-Thetane) ein Kontrollmechanismus ist (sind)." – Genau das ist mir klar geworden; in Leuchtschrift steht es vor meinen Augen geschrieben, dass *Ron die fiktiven Körper-Thetane dazu benutzt hat, seine Anhänger zu kontrollieren und abhängig zu machen!*

Unter der nächsten Überschrift „Kontrolle" versucht er, uns beizubringen, dass der Glaube, Kontrolle sei verkehrt, eine Aberration sei. Der Tenor lautet: Also, Leute, lasst euch von Ron kontrollieren, denn wenn ihr das nicht wollt, seid ihr nicht normal. Und schließlich führt er uns auf S. 120 noch die Wirksamkeit seiner Gehirnwäsche an einem Beispiel vor (bitte wieder die „Strahlung" durch „Körper-Thetane" ersetzen): „Man sagt zu jemandem: ‚Ist es nicht schrecklich mit dieser Strahlung (diesen Körper-Thetanen)? Stell dir nur vor, wie die ganze

Luft hier im Zimmer (und dein ganzer Körper) jetzt in diesem Augenblick voll von kleinen unsichtbaren Teilchen (BTs) ist, die uns einfach unseren Körper zerknabbern.' Er stellt sich das vor und wundert sich, warum es ihn am ganzen Körper juckt" (Anmerkungen in Klammern von der Autorin).

Ich glaube, ich habe Ihnen nun sehr deutlich vor Augen geführt, dass man mit der richtigen Einbildung auch die „richtigen" körperlichen Reaktionen hervorrufen kann, und Ron selbst hat uns erklärt, wie er die Gehirnwäsche in Scientology anwendet und dass dies zu Zwecken der Kontrolle geschieht.

Ron

Über Lafayette Ron Hubbard, von Scientologen schlicht „Ron"
genannt, gibt es mehrere Biografien. Da sehr vieles davon
erfunden zu sein scheint, will ich mich hier auf das Wesentliche, das einigermaßen gesichert ist, beschränken:

Geboren wurde er am 13. März 1911 in Tilden/Nebraska. Er
wuchs bei seinem Großvater in Montana auf, wo er Kontakt zu
den Schwarzfuß-Indianern bekam und später deren Blutsbru-
der wurde. Mit 14 Jahren soll er mit seinem Vater nach China
gereist sein, wo er mit buddhistischen Priestern verkehrt und
die östlichen Kulturen und Religionen erforscht haben soll. Ein
Beweis, dass diese und andere Reisen im frühen Jugendalter
wirklich stattgefunden haben, gibt es nicht. In Scientology-
Publikationen ist Ron der Forschungsreisende par excellence.
So soll er im Alter von 18 Jahren eine Expedition nach Afrika
geleitet haben, mit 20 Jahren gleich mehrere Expeditionen nach
Südamerika. Im weiteren Verlauf seines Lebens war er laut Sci-
entologen-Biografien fast pausenlos unterwegs in aller Herren
Länder, wobei er „über 20 verschiedene Menschenrassen"
untersucht haben soll. Die verschiedenen Biografien stimmen
dabei in den Details durchaus nicht immer überein. Hubbards
blühende Fantasie scheint sich hier auf seine Anhänger übertra-
gen zu haben, die ihm ein Studium an vier verschiedenen Uni-
versitäten in Mathematik, technischen Wissenschaften, Philosophie und Kernphysik bescheinigen. Universitätsdiplome oder
Belege für Studienabschlüsse sind mir allerdings nicht bekannt.

Was Ron Hubbard an echter wissenschaftlicher Forschungsarbeit wohl nicht geleistet hat, hat er auf dem Gebiet der
Schriftstellerei zuwege gebracht: Ab 1934 schreibt er regelmäßig Abenteuergeschichten und Wildwest-Storys, ab 1938
wendet er sich Science-Fiction und Fantasy zu. In kürzester
Zeit (wenige Tage bis Wochen) schreibt er komplette Romane.
Inhaltlich weisen seine Schriften schon starke Ähnlichkeiten
mit dem späteren Scientology-Material auf.

Der Zweite Weltkrieg beschert Ron angeblich schwere Verletzungen wie „starke Lähmungen und Erblindung", die er mit Hilfe seiner eigenen Forschungen auf dem Gebiet des menschlichen Verstandes geheilt haben soll. In Wirklichkeit litt er an psychosomatischen Störungen wie Zwölffingerdarm-Geschwür, Arthritis und Bindehautentzündung (gemäß Sektenkenner Friedrich-Wilhelm Haack in „Der Sekten-Konzern – Scientology auf dem Vormarsch", S. 30).

Nach dem Krieg tritt er einer okkulten Geheimgesellschaft mit Namen „Ordo Templi Orientalis" in Kalifornien bei, wo er viel über Magie lernt. Die Kenntnisse über Magie, kombiniert mit Science-Fiction, liefern die Grundlage für seine „angewandte religiöse Philosophie" Scientology. 1950 erscheint sein Buch „Dianetics – Die moderne Wissenschaft der geistigen Gesundheit", und im selben Jahr gründet er die erste „Hubbard Research Foundation" in Elizabeth, New Jersey.

Die nächsten 36 Jahre widmet er sich Scientology und bereichert die „Wissenschaft des Wissens, wie man Antworten weiß" („Deutsche Fachwortsammlung für Dianetics und Scientology" von L. Ron Hubbard, S. 87) um viele weitere Schriften voller „Forschungsergebnisse", Richtlinien und Regeln.

Ich glaube, wir können L. Ron Hubbard, wie wohl den meisten modernen Sektengründern, getrost unterstellen, ein macht- und geldhungriger Mensch gewesen zu sein. Wem es gelingt, unter dem Deckmäntelchen von Hilfe Macht zu erlangen, dessen Einfluss ist garantiert größer als die Macht desjenigen, von dem jeder weiß, dass er beherrschen will. Vielleicht hat Hubbard diesen Machthunger nicht einmal sich selbst eingestanden. Um sein Ziel, möglichst viele Menschen dominieren zu können, zu erreichen, musste er also „Hilfe" anbieten, die aber im Grunde zu Abhängigkeit von ihm führte, also keine wirkliche Hilfe, sondern gerade das Gegenteil dessen war. Daher hat Hubbard Mittel und Wege erforscht, die Psyche von Menschen so zu beeinflussen, dass sie schließlich auf Gedeih und Verderb von ihm und seiner Macht abhängig waren. In dieser Hinsicht kann man ihn vielleicht sogar als ernsthaften

Wissenschaftler bezeichnen, der allerdings nicht unter der Prämisse der Neutralität, sondern nur zu seinem eigenen Nutzen geforscht hat, um seine egozentrischen Gelüste befriedigen zu können. Da sich seine ehemaligen Anhänger teilweise mit falschen Versprechungen gelockt und durch Irreführung ausgebeutet fühlen, sollte er sich den Vorwurf des Betrugs gefallen lassen.

Nach all dem Material, das Ron herausgegeben hat, scheint er ein hochintelligenter Mann gewesen zu sein – sehr belesen (das Lesen hat wohl oft die Reisen ersetzt) –, der sich aus allen möglichen Religionen und Philosophien die Wahrheiten herausgesucht hat, die zu seiner Ideologie passen, und sie dann mit anscheinend perfekter Logik als Puzzleteilchen zu einem einheitlichen Ganzen zusammenfügte, das den Menschen sogar (teilweise und vorübergehend) Erleichterung von ihren Problemen verschaffen konnte – wenn auch nur auf den unteren Stufen, sozusagen als Köder. Für die oberen, fortgeschrittenen Stufen bedurfte es dieser Präzision gar nicht mehr, denn wer schon so weit in seiner Lehre fortgeschritten ist, glaubt Rons Worten gewöhnlich sowieso blindlings. Die fehlenden Fakten auf den oberen Stufen hat Hubbard durch viel Fantasie ersetzt, für alles und jedes auftauchende Problem Erklärungen und Pseudoabhilfen erfunden, die im Hinblick auf die ohnehin fantastischen Elemente seiner „Ideologie" keinesfalls befremdlich wirken. Daraus hat er dann sein unglaublich wirksames Konzept der Gehirnwäsche entwickelt.

Wir dürfen nicht vergessen, dass wir in Ron einen hervorragenden Science-Fiction-Autor vor uns haben, was insbesondere seine beiden zuletzt geschriebenen Hauptwerke „Kampf um die Erde" und „Mission Erde" beweisen. Die Spannung, die er erzeugt, der Einfallsreichtum, mit dem er arbeitet, und der rote Faden, der sich durchweg logisch durch alle zehn Bände von „Mission Erde" zieht, lassen auf eine ausgeprägte Fantasie und die Fähigkeit zu analytischem Denken schließen. So ist ihm denn auch mit den OT-Stufen in Scientology eine weitere Science-Fiction gelungen, deren Fangnetzen man nicht so ohne Weiteres entkommen kann. Bedenkt man weiterhin, mit welcher Begeisterung er von seinen Anhängern angehimmelt und gelobt wurde, kann man sich gut vorstellen, wie er sich in der Bewunderung gesonnt hat und in seiner Manie schließlich selbst zu glauben begann, der Retter der Menschheit zu sein, zumal seine ständig wachsende Anhängerschar ihn immer mehr darin bestärkte. Vielleicht war er auch schon von Anfang an überzeugt davon, er stelle etwas Besonderes dar. Dies können wir aus seinem poetischen Band „Hymn of Asia" schließen, in dem praktisch auf jeder Seite mehr oder weniger zwischen den Zeilen zu lesen ist, dass er, L. Ron Hubbard, der wiedergeborene Buddha, Gautama Siddhartha Buddha, ist. Und seine Bewunderer erstarren vor Ehrfurcht! Dass er sich nicht als Christus ausgegeben hat, kann uns fast schon als Wunder erscheinen, aber das mag auch daran liegen, dass sein Lebensweg gar nicht so christlich gewesen ist. Beispielsweise war er viermal verheiratet; wobei es einfach ist, einem Scientologen klarzumachen, dass seine ersten drei Frauen „Unterdrücker" waren, was sogar höchst logisch ist, denn ein erfolgreicher Mensch wie Ron zieht laut seiner Lehre die Unterdrücker an wie das Licht die Motten. Dass er trotz seiner „geistigen Höhe" von etwa OT 40 (bis heute wurde erst Kursmaterial bis OT IX herausgegeben) nicht in der Lage war, seine Frauen sofort als „Unterdrücker" zu entlarven, steht wieder auf einem anderen Blatt.

Ich bin, wie gesagt, der Meinung, dass Hubbard sich in seine eigenen Ideen so verstiegen hat, dass er letztlich selbst daran glaubte. Es muss wohl eine Entwicklung vom anscheinend bewussten Täuschen in diese Richtung hin stattgefunden haben, denn er war scheinbar schließlich der festen Überzeugung, die einzige Technologie seit Äonen zur Befreiung der Menschheit gefunden zu haben und damit rangmäßig gleich nach Gott zu kommen (falls es Gott für ihn überhaupt gab, denn aus diesem Thema wurde ein großes Mysterium gemacht). Damit war er jedem anderen Scientologen, von der restlichen Menschheit ganz zu schweigen, meilenweit voraus, und das war auch gut so, denn das patriarchalische oder besser diktatorische System stellte die Priorität für ihn dar. Wie er im HCO-Policybrief vom 7. Februar 1965, wiederherausgegeben am 27. August 1980, Nr. 1 der Serie „Die Funktionsfähigkeit der Scientology erhalten" sinngemäß schreibt, ist eine gute Idee noch nie von einer Gruppe von Menschen gemeinsam geboren worden, sondern immer nur von Individuen. Gruppenbemühungen zerstören eine Idee nur. Zitat: „Diese Tatsache wird dadurch erhärtet, dass der Mensch niemals zuvor eine brauchbare geistige Technologie entwickelt hat, und sie wird unterstrichen durch die schädlichen Technologien, die er tatsächlich entwickelt hat – Psychiatrie, Psychologie, Chirurgie … Und ich sehe nicht, dass populäre Maßnahmen, Selbstverleugnung und Demokratie dem Menschen irgendetwas gebracht haben, außer ihn weiter in den Schlamm zu stoßen" (S. 4f.). So sind seine Anhänger für Arbeiten in Organisation und Verwaltung, für Verbreitung, Verteidigung und finanzielle Unterstützung stets willkommen, aber von der Technologie sollen sie um Himmels willen die Finger lassen! – Also: Ron ist der geniale und heldenhafte Retter und Erlöser. Die Getreuen dürfen, wenn sie genau seinen Anweisungen folgen, auch ein bisschen von der Luft der Freiheit und Ewigkeit schnuppern, sein Vorsprung ist sowieso uneinholbar, das unsichtbare und undurchschaubare Netz der Täuschung ist ausgeworfen, das Gefängnis der Abhängigkeit solide gebaut. Feinden wird mit der SP-Tech begegnet (SP = suppressive person = unterdrückerische Person). Diese Technologie zielt darauf ab, feindlich gesinnte Familienmitglieder von Sekten-Anhängern gefügig zu machen oder eine gewaltsame Trennung von der betroffenen Familie herbeizuführen.

Das besondere Verhältnis, das Ron mit den Mitgliedern seiner Sekte verband, wird unter anderem auch daraus ersichtlich, dass er alle an ihn persönlich gerichteten Briefe angeblich auch persönlich beantwortete. Jedes Mitglied wurde zu Rons Lebzeiten auch ständig ermuntert, ihm zu schreiben; und bei mehreren Millionen Mitgliedern kann man sich leicht ausrechnen, dass selbst ein 36-Stunden-Tag nicht gereicht hätte, um alle Briefe persönlich zu beantworten, geschweige denn nebenher noch Forschungen zu betreiben, „Bulletins und Policies" herauszugeben und Science-Fiction-Romane zu schreiben. Jedenfalls hat jeder Empfänger eines Ron-Briefes diesen stolz herumgezeigt und ihn als etwas ganz Besonderes aufbewahrt.

Doch was Hubbard nun auch immer gewesen sein mag, sei es der bewusste Betrüger, der größenwahnsinnige Psychopath, der manisch Machthungrige, der eigennützige Seelenforscher oder alles zusammen – er hat jedenfalls sein Ziel erreicht: absolute Macht über mehrere Millionen Menschen zu haben (Mitglieder, nach Scientology-Angaben, heute weltweit etwa acht Millionen) und dabei von ihnen als Retter der Menschheit verehrt zu werden. Vielleicht war er ja in Wahrheit eine multiple Persönlichkeit, deren Charaktere überwiegend negativ geprägt waren und wo sich heute der Hilfsbereite, morgen der Betrüger und übermorgen der Größenwahnsinnige und noch etliche andere zu Wort meldeten. Sollte dies so sein, dann hätte Ron sich die Geschichte mit den vielen Thetanen, die einen Körper bewohnen, schließlich nicht komplett aus den Fingern gesogen. Er hätte lediglich *seinen eigenen* Zustand beschrieben!

Als Scientology-Organisationen immer mehr ins Gerede kamen und die ersten Gerichtsverhandlungen wegen Betrugs anstanden, tat Ron das Klügste, was er tun konnte: Er zog sich 1966 aus der Öffentlichkeit zurück, überließ das Management anderen und lebte fortan vom Verkauf seiner Bücher und E-Meter. Er hat die Verantwortung abgegeben – nun seht, wie ihr zurechtkommt! Ihr habt eine funktionsfähige Technologie, und außerdem: Bahnbrechende Ideen wurden schon immer verteufelt, das war auch bei Kopernikus so, also haltet die Ohren steif, ich werde euch weiterhin mit den Ergebnissen meiner Forschungen versorgen, „auf dass ihr nie mehr die gleichen sein mögt". Sprach's und ließ sich nicht mehr in der Öffentlichkeit blicken. Mary Sue Hubbard, seine vierte Ehefrau, wurde nun sein Sprachrohr, und außer einigen technischen Neuerungen oder „Durchbrüchen" hörte man nichts

mehr von ihm, bis er am 24. Januar 1986 „seinen Körper ver-
ließ, um seine weiteren Forschungen nun in rein geistiger
Form fortführen zu können, denn in diesen geistigen Höhen
wäre ein Körper nur hinderlich", wie es ein befreundeter Scientologe mir gegenüber einmal ausdrückte.

Preise und FSM-System

Auditing-Dienstleistungen, gleich welcher Stufe (ausgenommen Solo-Auditing), werden in Scientology fast immer in sogenannten Intensiven verkauft. Ein Intensiv sind normalerweise 12,5 Stunden. In Ausnahmefällen gibt es auch Fünf-Stunden-Intensive; Review-Auditing kann manchmal auch stundenweise abgerechnet werden. Die Auditoren sind verpflichtet, die geleistete Auditing-Zeit minutengenau festzuhalten. Wenn ein Intensiv sich dem Ende zuneigt, wird man zum Registrar, dem berüchtigten Kassierer der Scientology-Organisationen, gerufen, um für das nächste oder die nächsten Intensive einzubezahlen. In Scientology wird grundsätzlich alles immer im Voraus bezahlt. Wer nicht bezahlt hat, bekommt nichts geliefert. Anzahlungen werden nur in Ausnahmefällen genehmigt. Da man sich meist inmitten einer bestimmten Auditing-Aktion befindet, wo es natürlich sehr schlecht wäre, sie nicht unverzüglich zu Ende zu bringen, setzt man Himmel und Hölle in Bewegung, um das geforderte Geld aufzutreiben.

Um Ihnen eine Vorstellung von der Höhe der Preise zu vermitteln, nachfolgend Auszüge aus einer Preisliste des Jahres 1992 für Auditing der höheren Stufen, überschrieben mit „Supertolle Angebote für Kurzentschlossene" (die in Klammern gesetzten Anmerkungen stammen von mir):

2 Intensive CCRD	30 % Rabatt	DM 13.799,–	*(DM 551,96/Std.)*
OT I bis III	40 % Rabatt	DM 16.474,–	*(selbstauditierte Stufen, Preis nur für die Überwachung)*
1 Intensiv OT V		DM 10.420,–	*(DM 833,60/Std.)*
2 Intensive L-RD	20 % Rabatt	DM 28.160,–	*(DM 1.126,40/Std.)*

Sie sehen also, dass der Preis für eine Stunde Auditing ohne den Rabatt für Kurzentschlossene im günstigsten Fall bei DM 800,– lag. Auf einer mir vorliegenden Preisliste, Stand Januar

1997, muss man für das teuerste Auditing sogar die „Kleinigkeit" von DM 2.025,– aufwenden (pro Stunde!). Seit einigen Jahren werden überhaupt keine Preislisten mehr verschickt. Die Preise sind nur noch mündlich zu erfahren (aus gutem Grund). – Für die Lieferung eines Intensivs OT V werden zirka fünf Tage benötigt. Um die Stufe OT V abschließen zu können, braucht man mindestens vier Intensive (das ist individuell verschieden, wie bei jedem Auditing). Wie Sie sehen, ist es gar kein Problem, für drei Wochen Scientology-Service runde € 20.000,– (DM 40.000,–) auszugeben. Und da wird es dann wirklich horrend. Wer zahlt schon gerne solche Preise? Wer kann sich das überhaupt leisten? Derjenige aber, der sich auf den OT-Stufen befindet, ist überzeugt davon, dass es das Wichtigste in seinem Leben (beziehungsweise all seinen Leben) sei, den Service zu erhalten; erinnern wir uns doch nur kurz daran, was auf den OT-Stufen geschieht. Ihm wurde von Ron suggeriert, dass er nur jetzt, in diesem Leben, für eine kurze Zeitspanne die Chance hat, all die Tragödien seines Billionen Jahre dauernden Lebens in Ordnung zu bringen! Er wird also fast alles tun, was der Registrar vorschlägt (gewisse Drückermethoden können die Registrare nicht ableugnen), um das benötigte Geld aufzutreiben.

Um Ideen sind die Registrare selten verlegen. Die Vorschläge gehen vom Bankkredit (und bei fehlenden Sicherheiten die Besorgung eines Bürgen) über das Anbetteln von Verwandten bis zum Verkauf des Wohnhauses, falls man ein solches besitzt.

Eine ebenfalls gute Einnahmequelle für Scientology stellen die Hubbard-Bücher dar. Nachdem sich sowieso jedes Mitglied eine umfangreiche Bibliothek mit Scientology-Literatur anschaffen muss, ist man zusätzlich auf die Idee gekommen, von Hubbards Science-Fiction-Romanen verschiedene Sonderausgaben auflegen zu lassen. Diese Ausgaben werden, wie könnte es anders sein, zu Wucherpreisen gehandelt. Von Rons „Kampf um die Erde" wurde zum Beispiel eine auf 555 Stück limitierte, handsignierte englische Gedenkausgabe herausgegeben, luxuriös verpackt im mit rotem Samt ausgeschlagenen Holzkoffer, das Buch selbst in Leder gebunden und mit Goldschrift gedruckt. Diese Ausgabe wurde den Mitgliedern in Deutschland noch zu Rons Lebzeiten Anfang der Achtzigerjahre zu rund DM 30.000,– das Stück aufgeschwatzt mit dem Hinweis darauf, dass sich ihr Wert nach Hubbards Tode vervielfache und man dann beim Verkauf der Bücher an „echte Sammler" gigantische Gewinne erzielen könne, die es einem ermöglichten, das komplette Scientology-Programm auf einen Schlag zu bezahlen. Davon, dass diese Bücher jetzt, ungefähr 25 Jahre später, höchstens noch € 2.000,– wert sind und dass selbst dafür kaum Käufer zu finden sind, will jetzt außer den Geschädigten niemand mehr etwas wissen.

Die genialste, wenn auch am schwersten zu verwirklichende Idee ist jedoch, ein effektiver FSM (= field staff member = Feld-Stabs-Mitarbeiter) zu werden. FSMs sind freie Mitarbeiter von Scientology-Missionen und -Organisationen, die die Aufgabe haben, Leute aus der Öffentlichkeit für Scientology zu interessieren und ihnen entweder alleine oder unter Mithilfe des Registrars Scientology-Kurse oder Auditing zu verkaufen. Für jeden von der neuen Person gekauften Kurs erhält der FSM 15 % des eingezahlten Betrags als Provision, für jedes gekaufte Auditing-Intensiv 10 %. Wer sich auch weiterhin um seinen „Schützling" kümmert, ihn betreut und um sein scientologisches Fortkommen bemüht ist, erhält auch für jede weitere Dienstleistung, die diese Person kauft, seine Provision. Die Provisionen werden allerdings erst bei Inanspruchnahme und nicht schon zum Zeitpunkt der Bezahlung der Dienstleistung ausbezahlt, was unter Umständen eine gewaltige zeitliche Differenz mit sich bringen kann.

Als erfolgreicher FSM kann man ganz gut verdienen. Natürlich wird dieses Geld dann gleich wieder für das eigene Vorankommen in Scientology verwendet. Man erledigt die FSM-Arbeit auch mit der tiefen Überzeugung, dem Neuling zu helfen und ihn zu fördern. Es ist allerdings nicht leicht, eine Person für die Dienstleistungen einer Sekte zu interessieren, vor allem angesichts der bei Scientology üblichen Wucherpreise.

Um Leute leichter „fangen" zu können, hat Ron extra einen FSM-Kurs zusammengestellt mit psychologischen Tricks und genauen Anweisungen für die individuelle Vorgehensweise, was dann auch in Rollenspielen trainiert wird.

Der „Verbreitungs-Drill" (HCO-Policybrief vom 23. Oktober 1965) zum Beispiel besteht aus folgenden Schritten:

1. Kontaktaufnahme – mit der neuen Person
2. Handhabung – Feindseligkeiten gegenüber Scientology ausräumen
3. Retten – herausfinden, was der Person im Leben die größten Probleme bereitet und womit sie Schwierigkeiten hat. Dies muss der Person klar vor Augen geführt werden.
4. Zum Verständnis bringen – die Person davon überzeugen, dass Scientology *die* Lösung für ihre Probleme bietet, und ihr die entsprechenden Dienstleistungen verkaufen

Zu diesen Punkten gibt es noch eine vierzehnseitige Erläuterung mit Beispielen und Vorschlägen.

Die Schritte werden, wie der Name schon sagt, regelrecht gedrillt, bis der betreffende FSM sie locker und souverän durchführen kann.

Darüber hinaus gibt es Belohnungsprogramme für aktive Scientology-Buchverkäufer, die bei einer gewissen Anzahl verkaufter Exemplare einen bestimmten Kurs kostenlos erhalten.

Da den neuen Leuten aus der Öffentlichkeit der wertvolle Scientology-Service geliefert wird und die FSMs und Organisationen Geld bekommen, um selbst „blühen und gedeihen" und expandieren zu können, ist die FSM-Arbeit, um mit Rons Worten zu sprechen, „ein Spiel, bei dem jeder gewinnt" (HCO-Policybrief vom 21. Oktober 1971, Ausgabe III, „Sie als Scientologe").

Die Mitarbeiter

Wird ein neuer Mitarbeiter angeheuert, muss dieser meist gleich einen Zwei- oder gar Fünfjahresvertrag unterschreiben. Seine Arbeitszeit als Vollzeitmitarbeiter beträgt zehn Stunden täglich bei sechs Tagen pro Woche und zwei Wochen Urlaub im Jahr, die allerdings auch noch genehmigungspflichtig sind. Er erhält zunächst eine spezielle Schulung, damit er den Posten, den er bekleiden soll, auch richtig ausfüllen kann. Auf sämtliche Kurse und Auditing bekommt er hohe Rabatte. Das muss als Rechtfertigung für den äußerst mageren Verdienst herhalten, der sich oft noch unter der 400-Euro-Freigrenze befindet. Deshalb besteht dann auch keine Versicherungspflicht, sodass die betroffenen Mitarbeiter weder kranken- noch renten- oder arbeitslosenversichert sind.

Oft kommen Mitarbeiter mit ihren Mietzahlungen in Verzug, und es ist auch schon vorgekommen, dass sie sich in höchster Not gegenseitig Lebensmittel gestohlen haben, weil sie buchstäblich nicht das Geld hatten, sich etwas zu essen zu kaufen. Meist ist das Gehalt auch kein Fixum, sondern wird nach Leistung bezahlt. Jeder Mitarbeiter muss Statistiken führen. Für alles und jedes gibt es Plus- und Minuspunkte. Der Leistungsdruck ist extrem hoch. Kein Wunder, dass man oft das Gefühl hat, es gehe Scientologen nur ums Verkaufen – sie werden von nackter Überlebensangst getrieben.

Die horrenden Summen, die Scientology für Dienstleistungen verlangt, kommen also nicht den Mitarbeitern zugute. Sie werden in erster Linie für Expansion verwendet, das heißt für die Eröffnung neuer „Missionen" und „Kirchen", für Werbekampagnen, für die scientologische Erschließung von Ostblock- und Dritte-Welt-Ländern, für Gerichts- und Anwaltskosten (da ständig irgendwelche Verfahren anhängig sind, wobei Scientology sowohl angeklagt wird als auch als Kläger auftritt), für Telefonate in alle Welt und für Portokosten in gigantischer Höhe. Die meisten von denen, die schon einmal etwas mit Scientology zu tun hatten, und sei es, dass sie nur ein Buch gekauft haben, wissen, welche Flut an Werbebriefen, Prospekten, Umfragen und Ähnlichem von Scientology täglich verschickt wird. Für einen Scientologen vergeht fast kein Tag, an dem er nicht Scientology-Post in seinem Briefkasten findet, getreu dem Motto von Ron: Immer in Kommunikation bleiben, denn steter Tropfen höhlt den Stein.

Viel Geld wird auch für Reisekosten der Mitarbeiter verwendet, denn speziell geschulte Leute werden an vielen Orten gebraucht, und in dieser Hinsicht ist man flexibel bei Scientology. Vielleicht gibt es ganz oben auch noch den einen oder anderen Boss, der kräftig absahnt; das kann ich nicht beurteilen. Die Ausgaben sind aber auch so hoch genug.

Trotz der Unmengen von Geld, die Scientology einstreicht, existiert das eigenartige Phänomen, dass für besondere Scientology-Aktionen, die meist von der IAS unternommen werden, von den Mitgliedern besondere Spenden erbettelt und erwartet werden. Reiche Scientologen spenden oft mit einem Schlag mehrere hunderttausend Dollar für bestimmte gerichtliche Maßnahmen, Werbeaktionen oder anderes. Die IAS ist ohne Zweifel sehr reich, und es gibt Tausende von größeren Spendern weltweit, die für ihre Beiträge zur „Sicherung von Scientology" Ehrennadeln, Zertifikate, Preise und Sonstiges erhalten und in speziellen „Honor Rolls" aufgeführt werden, allen voran die Künstler. Sänger und Schauspieler sind in ihrer Vorbildfunktion kräftige Zugpferde für Scientology. Deshalb werden sie auch bevorzugt behandelt. Es gibt eigens für sie eingerichtete Zentren, sogenannte Celebrity Centers, wo nur Künstler und andere Prominenz Zutritt haben. Dort geht natürlich alles sehr exklusiv, aber locker zu, und ich bin überzeugt davon, dass die Künstler keine Ahnung haben, wie schlimm die Zustände in einigen anderen Scientology-Niederlassungen aussehen. Zu den bestbekannten Scientology-Künstlern gehören zum Beispiel Julia Migenes, John Travolta, Priscilla Presley, Chick Corea und allen voran Tom Cruise, der derzeit mehr Schlagzeilen wegen seiner Scientology-Mitgliedschaft macht als wegen seiner Schauspielkunst.

Um Ihnen eine Vorstellung vom Reichtum der IAS zu geben, hier eine Aufstellung der diversen Ehrungen und die Höhe des Mindestbeitrags, der gespendet werden muss, um Anspruch auf den jeweiligen Ehrenstatus zu haben:

Sponsor:	Mindestspende	5.000,– US $
Crusader:	Mindestspende	10.000,– US $
Honor Roll:	Mindestspende	20.000,– US $
Patron:	Mindestspende	40.000,– US $
Patron with Honors:	Mindestspende	100.000,– US $
Patron Meritorious:	Mindestspende	250.000,– US $
Silver Meritorious:	Mindestspende	750.000,- US $
Gold Meritorious:	Mindestspende	1.000.000,- US $

In der IAS-Zeitschrift „Impact" Nr. 79 (1998) werden drei Silver Meritorious, 78 Patrons Meritorious, zirka 350 Patrons with Honors und mindestens 1.700 Patrons aufgeführt. Dazu kamen allein im Jahr 1997 über 1.400 neue Honor Rolls, etwa 500 neue Crusaders und etwa 250 neue Sponsoren. Nicht zu vergessen die mehrere Millionen Mitgliedschaften weltweit; eine lebenslange Mitgliedschaft kostet 3.000,– US $, eine gewöhnliche Mitgliedschaft 450,– US $ pro Jahr. Sie können sich leicht ausrechnen, dass die IAS während der ersten zwolf Jahre ihres Bestehens allein durch die Großspenden ab 40.000,– US $ ein Spendenaufkommen von insgesamt rund 125 Millionen US $ hatte. Eine wahrhaft stattliche Kriegskasse!

Doch zurück zum Geiz der Scientologen: Als beispielsweise im Jahr 1994 in der Kopenhagener Scientology-Organisation größere Renovierungen ins Haus standen, wurde sogar bei uns in Deutschland brieflich nach Scientologen mit den gewünschten handwerklichen Fertigkeiten gesucht, um die erforderlichen Arbeiten ausführen zu können. Zur Belohnung dafür wurden ihnen verschiedene Kurse versprochen. Die Schlussfolgerung liegt auf der Hand, dass sie keine Entlohnung in Form von Geld erhielten. So hat man auch hier ordentlich gespart.

Also, wo geht das ganze Geld hin? Ron hat einmal geschrieben, dass Scientology eine solche Rücklage zu tätigen hätte, dass alle Organisationen auf diesem Planeten zwei Jahre lang ohne Einkommen überleben könnten. Dies deshalb, um jeglichen Notsituationen begegnen zu können und dafür Sorge zu tragen, dass Scientology immer bestehen bleibt, auch für unsere Nachkommen erhältlich sein wird und niemals untergeht. Wie hoch muss eine solche Rücklage wohl sein? Ich habe keine Ahnung. Aber bestimmt sind die entsprechenden Summen bereits irgendwo gut und sicher angelegt. – Aber zurück zu den Mitarbeitern.

Hat ein Mitarbeiter, „Staff" genannt, sich etwas zuschulden kommen lassen oder sind seine Statistiken zu niedrig, wird er zur MEST-Work abgestellt. Das bedeutet, er wird für eine bestimmte Zeit seines Postens enthoben und muss irgendeine körperliche Arbeit machen wie putzen, Räume renovieren etc. Während dieser Zeit bekommt er *nichts* bezahlt. Anschließend muss er noch verschiedene Ethik-Aktionen absolvieren, die ich im Kapitel „Die Ethik der Scientology" noch näher beschreiben werde.

Es ist auch möglich, dass der „Sünder" ins Kopenhagener Scientology-Straflager geschickt wird. Die Aussteigerin Silvia Redhead beschreibt in „Stimmt!" vom 19. März 1998 das Lager aus eigener Anschauung so: „Die Leute geben ihre Pässe ab. Die meisten freiwillig, aus tiefster Überzeugung. Im Lager machen sie Drecksarbeit, und zwar immer im Laufschritt. Alle zwei Stunden setzen sie sich an karge Holztische und schreiben ihre Sünden auf, auch zwei Stunden lang. So geht das den ganzen Tag." Zudem herrscht für die Gefangenen Sprechverbot.

Wenn der Staff zur Absolvierung höherer Kurse oder für Auditing an eine Advanced Org (= Fortgeschrittene Organisation, wie Kopenhagen, Saint Hill, Flag) möchte, so kann er dies nur dann, wenn er auf seinem Posten alle laufenden Zyklen abgeschlossen hat. Muss er für mehrere Wochen an die Advanced Org, was meist der Fall ist, dann ist er verantwortlich dafür, dass er einen Ersatz für seinen Posten für die Dauer seiner Abwesenheit bekommt. In einer kleinen Mission, in der meist ein Mitarbeiter die Aufgaben mehrerer Posten zu erfüllen hat, ist dies schon schwierig zu bewerkstelligen. Meistens hat keiner der Kollegen Zeit, noch zusätzliche Arbeiten zu erledigen, also muss man versuchen, einen Public (Kunden) zu finden, der bereit ist, für minimales Entgelt in Teilzeitarbeit auszuhelfen. Dazu muss er aber zunächst einmal geschult und in seinen Aufgabenbereich eingewiesen werden. Falls es überhaupt gelingt, kann sich das Monate, manchmal sogar Jahre, hinziehen.

Ist das alles geschafft, kann der Staff endlich losziehen. Natürlich darf er auch nur dann gehen, wenn seine Statistiken in den vorhergehenden Monaten gut waren. Durch diese Hindernisse bedingt, kommen die meisten Staffs recht langsam auf der Brücke, das heißt auf ihrem „Weg nach oben", voran. Es ist durchaus möglich, dass zwischen zwei OT-Stufen zehn Jahre verstreichen, in denen der Staff nicht weiterkommt.

Tritt nun der Fall ein, dass ein Staff seinen Fünfjahresvertrag vorzeitig kündigen möchte (was übrigens relativ häufig der Fall ist, speziell bei kleinen Missionen), dann gilt dies als „geblowed" (abgehauen), und er muss sämtliches Auditing sowie alle Kurse, die er im Rahmen seiner Mitarbeiterschaft verbilligt erhalten hat, nachbezahlen. Da das Auditing und die Kurse aber als eine Art Bezahlung angesehen werden (dadurch wird der extrem niedrige Verdienst gerechtfertigt), ist dies eine Unverschämtheit ohnegleichen, denn seine Arbeitsleistung wurde ja erbracht. Ein ehemaliger Scientology-Staff steht nun draußen in der Öffentlichkeit vor dem Nichts (wer will schon einen ehemaligen Scientologen einstellen?); oft ist er der „normalen Welt" schon völlig entfremdet, hat überhaupt kein Geld, zunächst auch keine Einnahmequelle, und zusätzlich noch mehrere zigtausend Euro Schulden, die er Scientology zurückzahlen muss. Auch aus diesem Grund wird ein Staff es sich sehr gut überlegen, ob er sich tatsächlich von der Organisation lossagen will.

Also, wie man es dreht und wendet: Scientology-Mitarbeiter müssen Märtyrer sein, sonst könnten sie unter solchen Bedingungen unmöglich arbeiten. Aber im Glauben, zu den wenigen zu gehören, die der Menschheit die einzig mögliche und dringend erforderliche Rettung bringen dürfen, nehmen sie alle Opfer in Kauf und leisten fast Übermenschliches. Es sind im Grunde bewundernswerte und doch gleichzeitig vor allem auch bedauernswerte Menschen, die in den Maschen dieses Netzes gefangen sind. Man muss sich einmal Folgendes vorstellen: Ein Mitarbeiter der Sea-Org, der Elite-Einheit der Scientology, unterschreibt einen Dienstvertrag „für die nächsten fünf Billionen (oder doch nur Milliarden?) Jahre"!

Kinder in Scientology

Kinder von Scientology-Mitarbeitern sind zu bedauern. Sie wachsen praktisch ohne Eltern auf. Bei einem wenigstens zehn bis zwölf Stunden dauernden Arbeitstag der Eltern bekommen sie diese kaum zu Gesicht. In jeder fortgeschrittenen Organisation stehen Nannys (Kindermädchen) zur Verfügung. Selbstverständlich genügt es den Scientologen, wenn die Nannys eine Scientology-Kinderbetreuungs-Ausbildung durchlaufen haben, sie müssen nicht etwa Erzieherin sein. Denn wie auf jedem anderen Gebiet ist Ron auch in der Kindererziehung ein „Experte" und will auch hier auf alles Einfluss nehmen. So ist die Familie keine intime Einheit mehr, sondern von Anfang an den Reglements der Scientology-Obrigkeit unterworfen. Dies fängt schon bei der Säuglingsnahrung an. Hubbard verteufelt die industriell gefertigte Säuglingsmilch genauso wie das „nostalgische" Stillen. Muttermilch ist seiner Meinung nach eine armselige Ration für ein Baby. In „Das Handbuch für den ehrenamtlichen Geistlichen" kommt er auf S. 456 zu dem Schluss, dass es am besten sei, Säuglinge nach einem „ca. 2.200 Jahre alten römischen Rezept" zu ernähren, das damals angeblich auch die römischen Legionäre (!) gesund und fit gehalten habe. Hierbei handelt es sich um Gerstenwasser, vermischt mit Milch und Sirup. Ich weiß zwar nicht, wie Ernährungswissenschaftler diesen Vorschlag beurteilen würden, mir persönlich erscheint er jedoch äußerst zweifelhaft.

Ein Kind ist für Scientology ein Thetan in einem kleinen Körper; der Körper ist das Einzige, was ein Kind von einem Erwachsenen unterscheidet. Deshalb wird einem Kind die gleiche Weisheit und Entscheidungsfähigkeit wie einem Erwachsenen zugestanden. Aus dieser Einstellung resultiert ein ausgeprägter Laisser-faire-Erziehungsstil, das heißt, den Kindern wird jedes beliebige Verhalten erlaubt. Wenn ihnen danach ist, steht es ihnen frei, sich fürchterlich danebenzubenehmen. Dass Kinder auch Grenzen brauchen, um ein Miteinander und

Rücksichtnahme kennenzulernen, gilt in Scientology nicht. Dies geht so weit, dass manche Kinder einem regelrecht auf der Nase herumtanzen, ohne jemals von den Verantwortlichen in die Schranken gewiesen zu werden. Man hat die irrige Vorstellung, das Kind in seinem „So-sein" gewähren lassen und akzeptieren zu müssen. Täusche ich mich oder wächst aus einem solchen Kind nicht ein rücksichtsloser, unsozialer Mensch heran?

Manchmal haben die Organisationen auch Scientology-eigene Schulen, die die Kinder später besuchen. Natürlich wird ihnen dort als Erstes Rons Studiertechnologie beigebracht, nach der auch immer gelehrt wird. Und selbstverständlich werden auch die Kinder schon auditiert. In dem Buch „Child Dianetics", das ausnahmsweise einmal nicht von Ron, sondern von Scientology-Mitarbeitern geschrieben wurde (mit einem Vorwort von Ron), wird darauf hingewiesen, dass ein Kind eigentlich von dem Moment an auditierfähig sei, wo es sprechen gelernt hat. „Ernsthaftes" Auditing sollte aber „erst" ab fünf Jahren durchgeführt und extensives Dianetik-Auditing mit Engramme-Laufen sollte nicht versucht werden, bevor das Kind ein Alter von acht Jahren erreicht hat. Ein achtjähriges Kind mit Dianetik-Auditing zu traktieren, ist meines Erachtens in höchstem Maße unverantwortlich. Es wäre interessant zu erfahren, wie ein Kinderpsychologe darüber denkt.

Auf der einen Seite Laisser-faire, auf der anderen Seite wird dem Kind schon in jüngstem Alter ein hohes Maß an Verantwortung aufgebürdet. Da es ja ein ebenbürtiger Thetan ist, hat es zum Teil auch Pflichten wie ein Erwachsener, auf deren Erfüllung mit Nachdruck und ohne Nachsicht bestanden wird. Bedenkt man ferner, dass die Kinder praktisch von der Außenwelt und Scientology-fremdem Gedankengut isoliert aufwachsen, noch dazu über keine enge Eltern-Kind-Bindung verfügen, sondern oft ständig wechselnden Bezugspersonen ausgesetzt sind, kann man in etwa ermessen, welchen Schaden diese jungen Menschen für ihr weiteres Leben davontragen.

Ron bemerkt selbst, dass jedes Kind sich gut entwickeln könne, wenn man sich seinen Interessen in ausreichendem Maße widmete. Da hierfür in Scientology jedoch die Zeit fehlt, ist die Lösung des Problems darin zu finden, dass man den Kindern vorzugsweise Gruppenauditing erteilt. Wie praktisch: Anstatt einem einzelnen Kind Zuwendung und Aufmerksamkeit zu schenken, steckt man es in eine Gruppe von 30 oder mehr Kindern, auditiert es täglich 20 Minuten lang, und das Problem ist zeitsparend gelöst. Wunderbar, nicht? Ron ermahnt dann den Auditor noch, einem einzelnen Kind in der Gruppe, das etwa Schwierigkeiten beim Auditing hat, nur ja keine besondere Aufmerksamkeit zu schenken, denn dies würde für jedes einzelne Kind in der Gruppe bedeuten, dass es Schwierigkeiten haben muss, damit es persönliche Aufmerksamkeit erhält.

Ganz nebenbei erwähnt Ron in „Das Handbuch für den ehrenamtlichen Geistlichen" auf S. 487, dass bei Kindern während des Auditings gelegentlich heftige Schmerzen aufträten. In einem solchen Fall solle man einfach die Sitzung beenden und der Sache keine weitere Beachtung schenken.

Eine weitere Anweisung Hubbards an den Auditor besagt, dass der Auditor sich diejenigen Probanden unter den Kindern aussuchen soll, die besonders gut zu auditieren sind, um sich nur mit ihnen zu beschäftigen. Die „schlechteren Schüler" könne er getrost sich selbst überlassen und dafür mit der „guten" Gruppe gute Ergebnisse erzielen. Er soll immer daran denken, dass er versucht, die Fähigen fähiger zu machen (und nicht etwa den Unfähigen zu helfen, das wäre pure Zeitverschwendung).

Ist ein solches Verhalten nicht in hohem Maße sozial und mitfühlend? Sicherlich nicht. Aber es ist, wie Ron auf S. 490 feststellt, eine „besonders einfache und schnelle Methode, die Probleme der Welt anzugehen", und sie wird „in allererster Linie die Ziele der Scientology verwirklichen" (S. 489) und „eine bessere Zivilisation oder … überhaupt eine Zivilisation" (S. 477) erschaffen.

Die Ethik der Scientology

„Ethik" ist ein sehr wichtiger Bereich in Scientology. Sie ist definiert als „Vernunft in Bezug auf optimales Überleben für die größte Anzahl der Dynamiken". „Ethik" wird auch diejenige Abteilung einer Scientology-Organisation genannt, deren Funktion darin besteht, „Gegenabsichten" aus der Umgebung zu entfernen. Im Klartext heißt das: Alle Gedanken und Taten, die gegen Scientology oder Scientologen gerichtet sind oder ihnen schaden, sind unethisch.

Ein Scientologe muss ethisch sein, um aus seinem Auditing oder seinen Kursen Gewinne erzielen zu können. Darum wird vor jeder größeren Auditing-Aktion, speziell auf den OT-Stufen, aber auch bei niedrigen Statistiken oder Erfolglosigkeit einer Person *immer* die Ethik überprüft. Dies geschieht meist am E-Meter anhand vorgefertigter Listen. Manchmal sind diese Ethik-Aktionen dermaßen überzogen, dass sie an Hexenjagden erinnern.

Es gibt in diesem Zusammenhang eine fatale Einrichtung bei Scientology: die „Wissensberichte". Sobald ein Mitarbeiter oder Scientology-Kunde von irgendeinem nicht optimalen Verhalten eines anderen Scientologen Kenntnis erhält, ist er verpflichtet, einen Wissensbericht darüber zu schreiben und bei der Abteilung „Ethik" einzureichen, damit der betreffende Scientologe „gehandhabt" werden kann. Sollte jemand versäumen, einen solchen Wissensbericht zu schreiben, wird er selbst an „Ethik" gemeldet und muss sich entsprechenden Aktionen unterziehen. Dies ist ein perfektes Bespitzelungssystem und führt dazu, dass die „Kirche" über alle wesentlichen und unwesentlichen Vorgänge bei ihren Mitgliedern unterrichtet ist und gegebenenfalls rechtzeitig Gegenmaßnahmen einleiten kann. Natürlich hat es auch dazu geführt, dass unzählige Male falsche oder durch Subjektivität der Informanten verdrehte Berichte geschrieben wurden und der davon Betroffene dann ungerechtfertigt ganz erhebliche Schwierigkeiten bekommen hat.

Ethik ist ein komplettes internes Rechtssystem der Scientology mit entsprechenden Untersuchungen, Gerichten und Strafen. Die von Ethik geahndeten schlechten Taten sind abgestuft in folgende Kategorien:

1. Fehler
2. Vergehen
3. Verbrechen
4. Schwerverbrechen

Hierzu einige Beispiele:

Fehler (1.) sind kleinere unbeabsichtigte Unterlassungen und Versehen. Sie sind mit einem Verweis oder einer Verwarnung erledigt.

Vergehen (2.) sind Nichtbefolgung von Befehlen, eigenmächtige Änderungen von Scientology-Technologie, Geldverschwendung, Auditing-Verweigerung, schlechtes Benehmen und vieles mehr. Die Bestrafung besteht in reduziertem Lohn.

Verbrechen (3.) sind zum Beispiel Diebstahl, Scientology einer Gefahr auszusetzen, den Zusammenbruch einer Abteilung zuzulassen, sich eine private Auditoren-Praxis aufzubauen, Unterschlagung, Gerüchte über Scientology zu verbreiten, mit einem Verheirateten sexuelle Beziehungen zu unterhalten, Scientology-Materialien lächerlich zu machen, Scientology mit anderen Praktiken zu vermischen, Probleme nicht zu lösen etc.

Bei Verbrechen wird ein „Komitee der Beweisaufnahme" einberufen (in etwa unserem Gericht vergleichbar), das dann auch die entsprechenden Strafen ausspricht. Diese sind unter anderem Versetzung auf einen niedrigeren Posten, zeitweilige Aufhebung von Zertifikaten oder Entlassungen.

Schwerverbrechen (4.) bestehen darin, dass man sich öffentlich von Scientology abkehrt oder unterdrückerische Handlungen begeht. Die Strafen, die hier verhängt werden, sind im Buch „Einführung in die Ethik der Scientology" nicht näher definiert, können aber mannigfaltig und schwerwiegend sein.

Zum Schluss dieses Kapitels noch einige typische Hubbard-Zitate, mit denen er seine Anhänger motivieren möchte:

„Es spielt SEHR WOHL eine Rolle, was Sie auf dem Posten oder im Feld oder in der Welt tun. Diese Szene, die Scientology heißt, wird kein Ende nehmen. Wir retten Wesen, nicht Menschen. Und die Bösen sterben innerhalb ihrer eigenen Generation. Wir nicht. Der Feind kann nicht einmal für morgen planen. Wir arbeiten in der Ewigkeit."

(Ron's Journal Nr. 34 vom 13. März 1982)

„Wir bräuchten nur ein paar Achillesfersen zu haben, und wir könnten einpacken. Nun, wir haben aber keine Achillesfersen ..." (Auszug aus dem Vortrag „Wie man mit Angriffen gegen Scientology umgeht".

(Saint Hill Special Briefing Course, 26. Juni 1961)

„Die gesamte qualvolle Zukunft dieses Planeten – jedes Mannes, jeder Frau und jedes Kindes darauf – und Ihr eigenes Schicksal für die nächsten endlosen Billionen Jahre hängen davon ab, was Sie hier und jetzt mit und in der Scientology tun. Dies ist eine tödlich ernste Tätigkeit. Und wenn wir es versäumen, jetzt aus der Falle herauszukommen, dann haben wir vielleicht niemals wieder eine andere Chance."

(HCO-Policybrief vom 7. Februar 1965,
wieder herausgegeben am 27. August 1980, S. 10)

„Mit unseren Maßstäben gemessen, war es ein langer Kampf. Aber nicht, wenn man es mit der Zeit vergleicht, die umfassende kulturelle Veränderungen auf der Erde normalerweise brauchen. Wir befinden uns immer noch im Kampf und wir haben unheimlich viel zu tun. Damit wir uns nicht falsch verstehen – Sie sind in dem Team, das gewinnt."

(„Impact" Nr. 69)

„Wir haben dich lieber tot als unfähig."

(HCO-Policybrief vom 7. Februar 1965,
wieder herausgegeben am 27. August 1980, S. 9)

„Hierin liegt also der letztendliche Sieg über jede unterdrückerische Gruppe oder Gesellschaft: nicht sie zugrunde zu richten – denn sie richten sich schon selbst eifrig zugrunde –, sondern die Situation einfach genügend unter Kontrolle zu bringen, um sie fernzuhalten, bis wir ihnen eines Tages mit richtigen Rundowns beikommen. Die letztendliche Waffe ist, zu blühen und zu gedeihen. Also, tun Sie es!"

(Ron's Journal Nr. 31 vom 1. Dezember AD 29)

Die Abkürzung AD ist eine von Hubbard relativ häufig gebrauchte Zeitangabe, wobei der Bezugspunkt das Erscheinen seines Buches „Dianetics – Die moderne Wissenschaft der geistigen Gesundheit" im Jahr 1950 darstellt. AD 29 müsste demnach das Jahr 1979 sein. Hier haben wir einen weiteren Beweis für Hubbards Selbstgerechtigkeit: Er führt eine neue Zeitrechnung ein und benutzt dabei die uns geläufige Abkürzung „AD", die wahrscheinlich „Anno Dianetik" bedeuten soll, aber doch stark an „Anno Domini" = „im Jahre des Herrn" erinnert; er stellt sich damit praktisch auf eine Stufe mit Jesus Christus!

Und ein Letztes:

„Wenn die vereinigte Kraft von uns allen und allen Organisationen in gemeinschaftlicher, zielstrebiger Anstrengung zur Wirkung gebracht würde, würden wir diesen Planeten einfach so übernehmen, und das nur mit dem, was wir sind und was wir haben."

Unterdrückerische Handlungen

Unterdrückerische Handlungen sind definiert als Handlungen, die unternommen werden, um Scientology oder Scientologen wissentlich zu unterdrücken, einzuschränken oder zu behindern.

Darunter fällt zum Beispiel auch das Veröffentlichen vertraulicher Materialien der Scientology, öffentliche Äußerungen gegen Scientology, die Einleitung eines Zivilprozesses gegen eine Scientology-Organisation, Weitergabe von Anti-Scientology-Daten an die Presse, Kontakt zu einer unterdrückerischen Person, Abänderung von Scientology-Technologie, Leute aus der Öffentlichkeit von Scientology abzuhalten, Kurse oder Auditing aus finanziellen Gründen abzukürzen, als Kursüberwacher Studenten das Essen im Kursraum zu gestatten und vieles, vieles mehr. Kurz: Unterdrückerische Handlungen sind solche, die darauf abzielen, den Einfluss oder die Tätigkeit von Scientology zu verkleinern, einzuschränken oder zu zerstören. Laut der „Einführung in die Ethik der Scientology" können „Personen oder Gruppen, die so etwas machen, ... nicht die Rechte gewährt werden, die rationalen Wesen normalerweise gewährt sind" (S. 229). Daher kann man gegen unterdrückerische Personen zivilrechtliche Verfahren einleiten (auf ein Scientology-Ethik-Verfahren haben sie keinen Anspruch!). Man darf alles Mögliche mit ihnen machen: Sie werden zu „Freiwild" erklärt.

Sie erkennen sicherlich, dass ich mich durch die Veröffentlichung des vorliegenden Buches zum Unterdrücker und scientologischen Schwerverbrecher gemacht habe, der nicht wie ein rationales Wesen behandelt werden muss und mit dem man als Freiwild verfahren kann, wie einem beliebt. Dies geht tatsächlich so weit, dass verbrecherische Handlungen eines Scientologen im Sinne unserer Rechtsprechung, die gegen unterdrückerische Personen (in diesem Fall mich) gerichtet sind, vonseiten der Scientology *nicht* geahndet, sondern im

Gegenteil für gut befunden werden. Verleumdungen und Ruf-mord sind dabei ihre Lieblingswaffen – und dies ist nur der Anfang! Man sieht also, welcher Gefahr ich mich hier aussetze, denn einem fanatischen Scientologen ist fast alles zuzutrauen. Für Scientology bin ich nun eine Geisteskranke, die versucht, jede Chance zu ruinieren, die die Menschheit durch Sciento-logy hat. Deshalb habe ich aus scientologischer Sicht keinerlei Rechte. Und was bedeutet schon eine unterdrückerische Per-son, die man vernichten muss, verglichen mit der Herstellung „geistiger Gesundheit" auf dem ganzen Planeten!

Um auch einmal Rons brutale Seite zu demonstrieren, in diesem Zusammenhang ein Auszug aus seiner „Machtformel für die Dritte Dynamik", nachzulesen auf S. 270f. der „Ein-führung in die Ethik der Scientology": „Und als Letztes und Wichtigstes – ... – schieben Sie immer Macht in die Richtung eines jeden, von dessen Macht Sie abhängen, sei es in Form von mehr Geld für die Machtperson ... oder einer flammen-den Verteidigung der Machtperson gegenüber einem Kritiker. *Es kann sogar darin bestehen, dass einer seiner Feinde in der Dun-kelheit dumpf aufs Straßenpflaster klatscht oder das ganze feindliche Lager als Geburtstagsüberraschung in riesigen Flammen aufgeht"* (Hervorhebungen durch die Autorin).

Und hier noch ein Zitat aus der „Einführung in die Ethik der Scientology": „Unsere disziplinarischen Maßnahmen sind durchaus imstande, jemanden verrückt zu machen, und zwar aufgrund der Natur dessen, was er da angreift. Wir können daher nur allzu leicht durch ein bloßes Flüstern bewirken, dass jemand sich schuldig fühlt" (S. 158).

Ich glaube, diese Sätze sprechen für sich und beweisen erneut die Gefährlichkeit von Scientology. Da wird jemand schon allein durch die angebliche Anwesenheit der unzäh-ligen BTs halb verrückt, und falls er nicht funktioniert wie gewünscht, gibt „Ethik" ihm den Rest.

Ein wichtiges Werkzeug in der Ethik sind „die Zustände". Jeder Mensch befindet sich in diversen Bereichen seines Lebens, also Beruf, Familie, Hobby, Freunde etc., in verschiedenen Daseinszuständen, das heißt etwa, er kommt gut mit seiner Familie zurecht oder schlecht. Zwischen sehr gut und sehr schlecht liegen viele Schattierungen. Diese hat Ron wieder einmal (wie auf jedem Gebiet) katalogisiert und auf einer Skala angeordnet. Die Zustände in absteigender Folge sind: Macht, Machtwechsel, Zustrom, Normal, Notlage, Gefahr, Nichtexistenz, Belastung, Zweifel, Feind, Verrat, Verwirrung.

In Scientology wird jemandem anhand seiner Statistiken (und die muss jeder führen!) ein bestimmter Zustand zugewiesen. Jeder Zustand hat seine „Formeln", nach deren Anwendung man zum nächsthöheren Zustand aufsteigen sollte und dann dessen Formeln anzuwenden hat – bis ganz oben. Ich will Sie jetzt nicht mit genauen Erklärungen der einzelnen Zustände langweilen. Vielleicht nur so viel: Sobald eine Statistik abwärtsgeht, so hoch sie auch gewesen sein mag, ist die betreffende Person im Zustand „Gefahr". Dies bedeutet, ein einmal erreichtes Leistungshoch muss immer gehalten, besser noch gesteigert werden, um in einem hohen Zustand zu verbleiben. Das bringt einen unglaublichen Leistungsdruck mit sich, und ich habe selbst Fälle erlebt, wo Mitarbeiter die tollsten Manipulationen bis hin zum Betrug vorgenommen haben, nur um nicht in tiefere Zustände zu fallen und von „Ethik gehandhabt" zu werden. Wenn jemand im Zustand „Gefahr" ist, muss er zunächst alle seine Overts (= Sünden) aufschreiben und dem „Ethik-Offizier" einreichen. Die „Formeln" zum Erreichen des nächsthöheren Zustands sind hier zum Beispiel die folgenden allgemeinen Phrasen: die Situation bereinigen, mittels Selbstdisziplin die persönliche Ethik wiederherstellen, sein Leben neu organisieren, feste Richtlinien befolgen.

Die „Formeln" für die untersten Zustände „Verwirrung", „Verrat", „Feind" sind:

a) Finden Sie heraus, *wo* Sie sind!

b) Finden Sie heraus, *dass* Sie sind!

c) Finden Sie heraus, *wer* Sie sind!

Na, wenn das keine Verwirrung verursacht!

Desinformation

Wie wir früher schon gesehen haben, geht es innerhalb von Scientology nicht immer ethisch zu. Dies trifft in besonderem Maße auf die Technik der Desinformation zu, wie sie gegenüber den Mitgliedern von Scientology praktiziert wird.

Scientologen werden von „oben" wissentlich mit Halbwahrheiten abgespeist, was beispielsweise das Ansehen und die Erfolge oder Misserfolge der Scientology in der Öffentlichkeit angeht. Dabei werden den Anhängern bewusst keine konkreten Lügen aufgetischt, weil ja stets die Gefahr der Aufdeckung bestünde mit der Folge, dass man in den eigenen Reihen unglaubwürdig würde.

Die Scientology-Führung richtet sich bei weiterzugebenden Informationen vielmehr an die folgende Hubbardsche Anweisung, nachzulesen in „Das Handbuch für den ehrenamtlichen Geistlichen": „Der Umgang mit Wahrheit ist ebenfalls eine delikate Angelegenheit. Sie müssen nicht alles erzählen, was Sie wissen ... Erzählen Sie eine *annehmbare Wahrheit* ... Somit wird PR (Public Relations = Öffentlichkeitsarbeit) die Technik zur Mitteilung einer annehmbaren Wahrheit – und einer, die das gewünschte Resultat erzielt. Wenn keine Chance besteht, das gewünschte Resultat zu erzielen, und die Wahrheit verletzend sein würde, dann reden Sie von etwas anderem" (S. 564f.).

Den Anhängern wird zunächst empfohlen, keine Tageszeitungen zu lesen mit der Begründung, sie enthielten sowieso nur schlechte Nachrichten, die dem Seelenfrieden eines Scientologen nicht zuträglich seien. Generell wirft Ron den Medien ständiges Lügen vor, speziell natürlich bei Berichterstattungen über Scientology, sowie das Aus-dem-Zusammenhang-Reißen von Hubbard-Zitaten.

Wenn Scientologen sich dennoch mittels öffentlicher Medien informieren und dort Anti-Scientology-Berichte zu Gesicht bekommen, beruhigt man sie mit der Bemerkung: „Selbst schlechte PR bringt uns Zulauf – die Leute werden neugierig ..." Parallel dazu betreibt man in Scientology-Publikationen die oben erwähnte Technik der Desinformation durch Halbwahrheiten und Verschweigen von Tatsachen. So wird ständig darüber berichtet, um wie viel die Mitglieder- oder Clear-Zahlen wieder gestiegen sind – aber über die Aussteiger erfährt man absolut nichts. Andere Scientologen sollen auf keinen Fall durch Aussteiger oder Unzufriedene beunruhigt, zum Zweifeln gebracht oder gar aufgehetzt werden. Dies bestätigte sich, als ich mich in einer fortgeschrittenen Organisation aufhielt, um meinen Ausstieg zu besiegeln. Ich saß in der OT-V-Wartezone. Normalerweise wird man dort ständig von irgendwelchen Mitarbeitern angesprochen; man soll Umfragen beantworten, Briefe an andere Scientologen schreiben, sich für neue Kurse einschreiben etc. Dies alles ist immer höchst lästig, wenn man auf sein Auditing wartet. Ständig fühlt man sich bedrängt. Doch diesmal wurde ich instruiert, bei jeglicher Ansprache nichts weiter zu sagen, als dass ich auf einem „Zyklus mit dem Kaplan" sei, und tatsächlich – nach dieser Auskunft wurde ich ohne weitere Fragen in Ruhe gelassen. Mir kam das natürlich sehr gelegen; aber vonseiten der Scientology war diese Instruktion nur erfolgt, um zu verhindern, dass ich andere Pre-OTs mit meiner Geschichte oder Aussagen verunsichern oder negativ beeinflussen konnte.

In der Scientology-Berichterstattung werden gewonnene Gerichtsverfahren hochstilisiert und gefeiert, verlorene überhaupt nicht erwähnt. Zum Beispiel wird euphorisch darüber berichtet, wenn Scientology von einem Gericht als „Kirche" anerkannt wurde. Wenn dagegen andernorts ein Gericht das Urteil gefällt hat, dass Scientology als Wirtschaftsunternehmen einzustufen sei, wird die Veröffentlichung einer solchen Nachricht tunlichst vermieden.

Man brüstet sich damit, wo überall neues Terrain für Scientology gewonnen und wie viele neue Missionen weltweit eröffnet wurden, „vergisst" aber zu erwähnen, dass es auch Länder gibt, in denen Scientology verboten wurde (zum Beispiel Griechenland).

Die Ethik wird hier anscheinend mit zweierlei Maß gemessen; und dass man seine eigenen Mitglieder, die doch angeblich so intelligent, integer und frei sein oder werden sollen, in diktatorischer Manier uninformiert halten oder ihnen gegenüber Fakten unterschlagen will, um sie zu „schützen", ist entweder ein Zeichen dafür, wie armselig die Scientology-Bosse das Zugehörigkeitsgefühl ihrer Anhänger einschätzen, oder aber einfach ein Beweis für ihre Falschheit und dafür, dass sie etwas zu verbergen haben.

Die Bedeutung der Gemeinschaft

Nach allem, was Sie jetzt über Scientology erfahren haben, fragen Sie sich sicherlich, wie jemand so dumm sein kann, sich von einem solchen System unter Druck setzen zu lassen beziehungsweise all die Fantasiegeschichten zu glauben und nicht schon gleich zu Beginn fluchtartig den Ort des Geschehens zu verlassen. Nun, ganz einfach: Zu Beginn weiß man dies alles gar nicht. Niemand erzählt einem Anfänger von Ethik, keiner erfährt das Material der OT-Stufen; und was ein Mitarbeiter alles mit sich machen lassen muss, bemerkt er erst, wenn er den Arbeitsvertrag unterschrieben hat. Die grundlegenden Lehrsätze der Scientology bekommt man nur häppchenweise vorgesetzt, bis man sie gut verdaut hat. Der Anfänger wird mit allen Mitteln unterstützt in dem Bemühen, irgendwelche Gewinne oder Verbesserungen zu erzielen. Das fängt damit an, dass täglich nach Kursende jeder Student dazu aufgefordert wird, den anderen seine heutigen Fortschritte, Erkenntnisse oder Gewinne vorzutragen. Beim ersten Mal sagt der neue Student vielleicht, er könne noch nichts dazu sagen, beim zweiten Mal kommt er sich schon blöde dabei vor, weil alle anderen ja auch etwas vorzuweisen haben. Also wird er sich durchforschen, auch die kleinste, vermeintlich positive Erfahrung aufgreifen und mit strahlendem Gesicht den anderen in übertriebener Weise zum Besten geben. Die Gewinne werden dann begeistert beklatscht. Damit fängt die (Selbst-)Suggestion schon an. Jeder schwärmt von den fantastischen Resultaten, die erzielt werden können, und bald macht man es genauso, denn man will ja auch *jemand sein*. Dann diese wundervollen Versprechungen, dass genau *die Dinge* gelöst werden können, mit denen man selbst ein Problem hat. Wenn man ein Clear ist, ist man *endlich* seine chronischen Kopfschmerzen los, stellen Sie sich das mal vor! Dass man als Clear dann auch noch Kopfschmerzen hat, dafür dann aber lediglich andere Gründe angeboten bekommt, sagt einem Anfänger niemand. Wenn man dann „Clear" erreicht hat, hat man schon so viel investiert an Zeit, Energie und Geld, dass man jetzt kurz vor dem Ziel doch nicht aufgeben kann, oder? Schließlich wird das Problem sicherlich auf der nächsten Stufe gelöst! Dass die „Falle" auf den OT-Stufen erst richtig zuschnappt, ahnt man ja nicht.

Nach jedem abgeschlossenen Kurs und jeder beendeten Auditing-Aktion wird man aufgefordert, einen Erfolgsbericht zu schreiben, der dann am Schwarzen Brett ausgehängt oder in einer Scientology-Zeitung oder im Werbematerial veröffentlicht wird. Die anderen Scientologen beglückwünschen einen dann, bewundern, was man schon alles erreicht hat, und natürlich möchte man sich in dieser vorbildlichen Gruppe auch vorbildlich verhalten. Man wächst in diesen Helferkomplex hinein, möchte seiner Familie, den Freunden, der ganzen Menschheit helfen, und dazu gehört selbstverständlich Pflichtgefühl, Opferbereitschaft und Hingabe. Das Wichtigste, was man zwischenzeitlich erreichen will, ist das Überleben als freies geistiges Wesen bis in alle Ewigkeit, und das kann man nur durch und mit Scientology, und deshalb lässt man sich vieles gefallen. Es wird einem auch immer wieder vor Augen geführt, dass man zu den Pionieren auf diesem Gebiet gehört, und deshalb ist es klar, dass „die Gruppe" auch Angriffen von außen ausgesetzt ist.

In Scientology gibt es Wörterbücher mit Hunderten von „Fachwörtern", die Außenstehende natürlich nicht verstehen. Man wächst in diese Terminologie hinein und benutzt sie ganz selbstverständlich. Deshalb bekommt man langsam das Gefühl, sich mit Nicht-Scientologen nicht mehr verständigen zu können, und so schreitet die Entfremdung von Familie und bisherigen Freunden langsam, aber sicher voran. Vor allem Menschen, die ihren Lebenssinn noch nicht gefunden hatten und begeisterungsfähig und hilfsbereit sind, kommen in große Gefahr, von Scientology vollkommen vereinnahmt zu werden. Denn hier haben sie in einem „ethischen Team" die hehre Aufgabe zu verrichten, die Menschheit zu retten, und jeder, der sich erretten lässt und selbst rettet, wird mit göttlichen Fähigkeiten belohnt werden. Von Anfang an wird man eingebunden, bestätigt, geschätzt und gefordert; alles Dinge, die stark motivieren. Wenn es aber darauf ankommt und man selbst in Schwierigkeiten gerät, ist mit scientologischer Hilfe doch nicht sehr zu rechnen, denn jeder Scientologe muss werden wie ein Löwe, kampfbereit und fähig, seine Probleme selbst zu lösen, worauf mit unnachgiebiger Härte bestanden wird, denn sonst ist er es nicht wert, zur Elite des Planeten zu gehören, und diese Blöße darf sich keiner geben.

Abhängigkeit

Wie wir gesehen haben, entsteht die Abhängigkeit von Scientology dadurch, dass der Betreffende zunächst einmal wirklich Hilfe erfährt und einige seiner Probleme lösen kann. Er fühlt sich besser, kommt mit seinen Mitmenschen besser zurecht (bevor die Entfremdung beginnt), und das Selbstbewusstsein wird gestärkt. Wenn „Rückfälle" auftreten, wird mit der nächsten Stufe, dem nächsten Kurs gelockt. Dort erhält er eine neue Pseudolösung, die ihn eine Zeit lang zufriedenstellt. Das Material der OT-Stufen ist aber geheim. Hubbard arbeitet mit dem natürlichen Wissensdurst des Menschen. Ein Mysterium folgt auf das andere, und sehnsüchtig wartet man auf den Zeitpunkt der Enthüllung dieser vielversprechenden Geheimnisse. Selbstverständlich fühlt man sich auch als etwas Besonderes, eine Art Elite, man gehört zu den wenigen, die die Schleier über den Rätseln des Lebens lüften dürfen und sich dadurch verbessern und befreien können. Für Nicht-Scientologen empfindet man Mitleid. Sie „wissen nichts" über das Leben, und das ist ihr Dilemma; aber am schlimmsten ist, dass sie auch nichts wissen *wollen*.

Ein nicht zu unterschätzender Faktor ist die zwischenmenschliche Beziehung zwischen Auditor und Preclear. Auditoren sind wirklich perfekt dazu ausgebildet, andere Menschen in ihrem „So-sein" gewähren zu lassen, ihre Eigenarten anzuerkennen, sie zu bestätigen, alle ihre Meinungen gelten zu lassen, mit höchster Aufmerksamkeit zuzuhören, das Gefühl zu erwecken, nur für den Preclear da zu sein, endlos viel Zeit für ihn zu haben und ihn vollkommen verstehen zu können. Sie bauen eine von Vertrauen geprägte Beziehung zum Preclear auf, in der dieser sich geborgen fühlen kann. Außerdem strahlt der gute Auditor eine Aura von uneingeschränkter Kompetenz aus. Er weiß, was er tut und was gut für den Preclear ist. Welcher andere Mensch in der Umgebung des Preclears kann schon alle diese Ansprüche erfüllen?

Hubbard wusste also durchaus, welche Eigenschaften einen fähigen Therapeuten ausmachen; wenn nur die Therapie selbst nicht so haarsträubend wäre ... An einem bestimmten Punkt angekommen, widersetzt sich nämlich so mancher Preclear seiner oft auch aufoktroyierten „Therapie". Und da dürfen wir dann die andere Seite des Auditors kennenlernen: Ihm wurde nämlich in seiner Ausbildung auch beigebracht, dass er das alleinige Sagen hat. Seinen Anweisungen muss widerspruchslos Folge geleistet werden. Er wurde darauf gedrillt, sich *niemals* von einem Thema ablenken zu lassen, und er darf kein Mitleid zeigen, sondern muss mit gnadenloser Härte auf der Durchführung des vorgegebenen Programms beharren. Auch darf der Auditor eine Sitzung nur dann beenden, wenn er selbst es für richtig hält. Sollte der Preclear kurzerhand den Raum verlassen wollen, muss er ihn unter allen Umständen daran hindern, notfalls auch mit körperlicher Gewalt. Ein solches Verhalten stützt sich auf den Auditoren-Kodex, an den sich der Auditor immer halten muss. Ein Auszug: „8. Ich verspreche, den Preclear nicht zu bemitleiden, sondern effektiv zu sein. 9. Ich verspreche, den Preclear nicht auf seinen Beschluss die Sitzung beenden zu lassen, sondern alle Zyklen, die ich begonnen habe, vollständig abzuschließen" (HCO-Policybrief vom 14. Oktober 1968 R, revidiert am 1. Januar 1976).

Das hierzu notwendige Training erhält der Auditor auf dem Kontrollkurs (siehe S. 29f.).

Natürlich kommt es in der Praxis kaum vor, und mir ist auch kein solcher Fall bekannt, dass der Auditor tatsächlich gezwungen gewesen wäre, den Preclear mittels Körpereinsatz am Verlassen des Raums zu hindern. In einer solchen Situation wäre das Vertrauensverhältnis zwischen Preclear und Auditor dermaßen erschüttert, dass weiteres Auditieren ohnehin sinnlos wäre. Aber immerhin ist es theoretisch denkbar.

Viel öfter wird es dagegen vorkommen, dass ein Preclear sich weigert, überhaupt erst in Sitzung zu gehen, speziell wenn er irgendein „Ethik"-Auditing erhalten soll. Hier „hilft" dann nur Überredungskunst.

Hubbard arbeitet auch mit der Angst: Es ist nicht ungefährlich, die Auditing-Stufen zu durchlaufen, vor allem von OT III an aufwärts. Es gehört Mut dazu, sich den präsentierten Schrecknissen zu stellen, und vor allem muss man genau nach Vorschrift vorgehen. Also schafft man es schließlich, man gehört eben doch zur Spitze. Da Glaube Berge versetzen kann und ein aufgemöbeltes Selbstbewusstsein auch ein gut funktionierendes Immunsystem zur Folge hat, erkrankt man auch tatsächlich seltener, zumindest eine Zeit lang, was wieder als Beweis dafür vorgebracht wird, dass Scientology eben doch funktioniert! Allerdings kann es passieren, was in keiner anderen Firma heutzutage der Fall sein dürfte, dass man in einer Scientology-Organisation einem freundlich lächelnden Mitarbeiter begegnet, der nur noch drei Zahnstümpfe im Mund hat, weil er nicht zum Zahnarzt wollte, da mit Auditing ja alles gehandhabt werden kann!

Jedenfalls entfernt man sich zwischenzeitlich mehr und mehr vom Durchschnittsmenschen. Die Realitäten decken sich kaum noch. Automatisch wird man tiefer und tiefer in die Gruppe hineingezogen, man kann nur noch mit Scientologen sinnvoll „kommunizieren". Nicht-Scientologen sind im Vergleich zu einem OT als geisteskrank zu betrachten und insofern nicht ernst zu nehmen, außer höchstens als zukünftige Kunden. Es sind alles entweder arme Würmer, die unter Scientologen als „rohes Fleisch" bezeichnet werden, oder aber Unterdrücker. Die „Gruppe" muss zusammenhalten, sie ist fähig, sie hat die einzige Technologie zur Rettung der Menschheit! Der Wunsch nach Freiheit wird schändlich ausgenutzt; natürlich wird bei Scientology auch die Abenteuerlust geweckt, und Fantasie darf ebenfalls reichlich zum Einsatz kommen. Es ist eine herrliche Unterbrechung der Alltagsroutine. Man verfolgt erstrebenswerte Ziele (den Planeten klären), man trägt Verantwortung! Man bringt Ordnung ins Chaos. Egal, welche Probleme auftreten, eine Lösung ist bei Scientology immer parat. Für den Beruf gibt es die Management-Technologie, für zwischenmenschliche Probleme die Ethik. Bei Drogen gibt es den Drogen-Rundown, bei feindlich eingestellter Umwelt die SP-Tech (Technologie über das Handhaben von Unterdrückern), bei Eheproblemen die 2-D-Tech (Technologie für die 2. Dynamik). Es existieren Skalen über menschliches Verhalten und Emotionsstufen, genaue Pläne, wie man ein Ziel zu verfolgen hat. Nichts ist mehr rätselhaft, alles kann katalogisiert, schematisiert, eingeordnet werden.

Die Scientology-„Kirchen" selbst sind ebenso straff durchorganisiert nach militärischem Vorbild. Die Stellenbezeichnungen und die Uniformen der Mitarbeiter sind der NAVY entlehnt. Es gibt die Admin-Tech (Verwaltungs-Technologie), das Org-Board (hierarchischer Firmenaufbau mit Stellenbeschreibungen), die Qualifikationsabteilung (wo Fehler korrigiert werden). Jeder Posten und jede Aktion haben ihre genauen Richtlinien und Vorschriften. Wenn jemand nicht funktioniert wie gewünscht, muss er zur Überprüfung in die Ethik-Abteilung. Es werden gegenseitig „Wissensberichte" geschrieben, um einen nicht optimalen Zustand sofort aufzudecken; seltsamerweise wird man dabei oft nur angeschwärzt.

Das ganze System ist durchweg diktatorisch; es wird zwar Freiheit gepriesen, jedoch ist Scientology-fremdes Gedankengut nicht erlaubt, man würde dadurch zum Verräter werden. Die Regeln als solche sind zum Teil schon als tyrannisch zu bezeichnen, etwa die, die besagt, dass ein Staff, wie schon im Kapitel „Die Mitarbeiter" erwähnt, nur dann zur Weiterbildung oder für eigenes Auditing an eine höhere Organisation darf, wenn seine Statistiken gut sind und er für die Zeit seiner Abwesenheit einen Ersatz für seinen Posten hat.

Auch die Kunden aus der Öffentlichkeit werden ständig gedrängt weiterzumachen. Sie werden mit Post und Telefonaten überschüttet, was manchmal schon in Psychoterror ausarten kann. Ständig wird man auf die Verantwortung hingewiesen, die man sich selbst und der Menschheit gegenüber trägt, und es wird einem gesagt, dass man alles kann, wenn man nur ohne Einschränkung will. Kann man den Forderungen nicht nachkommen, fühlt man sich unfähig und als Versager.

Gibt man zu, dass man eigentlich gar nicht weitermachen will, kommt sofort der Verdacht auf, dass etwas mit einem nicht stimmt, und das (aufoktroyierte) schlechte Gewissen meldet sich. Wie auch immer, man will einfach nicht klein beigeben und lässt die Verteidigung früher oder später fallen. Zuerst ist es der Registrar (das heißt der Verkäufer), von dem man belagert wird und der einem die nächste Dienstleistung (Auditing, Kurs) verkaufen will. Hat man aber endlich bezahlt, dann meldet sich der „Call-Inner", der „Hereinrufer", der nichts anderes zu tun hat, als die Leute zu drängen, ihren bezahlten Service *jetzt* in Anspruch zu nehmen. Tut man das, erhält man eine frische Scientology-Gehirnwäsche und wird so „gestärkt" wieder entlassen. Und schon bald wird sich der Registrar wieder melden.

Man kommt auch insofern in eine Abhängigkeit hinein, als man langsam zu der Überzeugung gelangt, dass nur noch Scientology helfen kann. Man braucht den Auditor, allein schafft man es nicht. So, wie man früher bei körperlichen Beschwerden zum Arzt gegangen ist, geht man jetzt bei seelischen *und* körperlichen Problemen zum Auditing. Dass viele der Probleme erst durch Scientology und die OT-Gehirnwäsche entstanden sind, ist das Fatale an der Geschichte.

Kurzum: Ist man einmal richtig drin in Scientology, muss man sehr stark sein, um wieder herauszukommen, und ohne Hilfe von außen ist es ein fast unmögliches Unterfangen.

Die philosophische Frage

Während der letzten Jahre meiner „Abstinenz" von Scientology, als ich die Mitgliedschaft aber noch nicht gekündigt hatte, entstanden in mir schon heftige Zweifel an Scientology, die sich mehr und mehr verdichteten. Diese bezogen sich jedoch mehr auf die offensichtlichen Tatsachen wie Preise, Behandlung der Mitarbeiter etc. Hiervon ausgehend kam ich aber zu dem Schluss, dass, wenn die menschlichen Verhaltensweisen von Scientologen zu wünschen übriglassen und die verwaltungstechnischen Richtlinien fragwürdig sind, dann doch wohl auch mit der Technik (Auditing) irgendetwas im Argen liegen müsse. Ich war noch nicht so weit, zum Beispiel das Material der OT-Stufen als Hirngespinste zu entlarven, geschweige denn zu durchschauen, wie clever dieses „Seelenfängernetz" ausgebreitet ist. Auf der Suche nach Anhaltspunkten, die mir hier weiterhelfen könnten, konsumierte ich ein Esoterikbuch nach dem anderen. Schließlich stieß ich auf das nicht allzu bekannte Buch „Schlange & Kreuz" von dem ungarischen Schriftsteller Péter Müller. In Müllers These 5 „Falsche Lehrer, Lehrer, Meister" fand ich entscheidende Hinweise, die mir die Augen öffneten. Erst durch die Ausführungen in diesem Werk konnte ich meine scientologisch gefärbte Sichtweise ändern und L. Ron Hubbard und Scientology aus einem anderen Blickwinkel betrachten. Erst danach wurde es mir möglich, Rons „Technologie" vorbehaltlos zu analysieren und die versteckten Machenschaften dahinter zu entdecken.

Die Beschreibung, die Péter Müller von den falschen Lehrern gibt, trifft so sehr auf Hubbard und seine Scientology zu, dass ich im Folgenden einige Auszüge davon wörtlich wiedergeben möchte. Die meiner Meinung nach besonders wichtigen Stellen sind kursiv gedruckt:

„Der Meister will seinen Schüler niemals aus seinem Schicksal herausheben.

Der falsche Lehrer hingegen verspricht Erleichterung: ein falsches Himmelreich.

Jeder Mensch flüchtet vor den Schwierigkeiten. Und ist demjenigen, der seine Lasten von seiner Schulter nimmt, dankbar. Es gibt auch Mittel, mit denen man das einige Zeit lang erreichen kann. Ein Leben kann man nahezu ‚symptomfrei' auf ein Nebengleis lenken. Es ist gar nicht allzu schwer, aus dem Unglück und der Sehnsucht nach Harmonie des sich selbst nicht findenden Menschen eine Traumwelt zu spinnen, die genüsslicher ist als die Wirklichkeit.

Der falsche Lehrer ... bietet solche lebenstechnischen Tricks an, mit denen man die Übel nicht lösen kann, nur irgendwie provisorisch davonkommen. Er lehrt, sich geschickter anzupassen, sich zu verwirklichen, die eigenen Konflikte noch vollkommener zu vertuschen, und wenn das alles nicht zum Erfolg führt, zerrt er seinen Schüler in einen Fanatismus, der ihn samt Wurzeln aus seinem Schicksal reißt, sodass er beginnt, statt sich selbst einen anderen Menschen zu leben.

...

Der falsche Lehrer ... weiß nicht, dass er (der Schüler) ein Schicksal auf sich genommen hat *und dass seine Nöte aus dem Nicht-Lösen gerade dieses Schicksals entspringen.* Deshalb spendet er Trost, Betäubung, Schmerzstillung *und eine Technik, mit der das Ich seinen wahren Gegenüberstellungen ausweichen kann.*

...

(Der falsche Lehrer arbeitet mit) drei Versuchungen.
Die Erste: ist die Leidenschaft der Macht.
Die Zweite: ist die Leidenschaft des Wohlstandes.
Die Dritte: sind die in ihren eigenen Dienst gestellten magischen Fähigkeiten. Die Technomagie gehört ebenso hierher wie die spirituelle Magie. Die Frage bei beiden ist: Wem dienen sie?
Der falsche Lehrer dient der Selbstsucht.
Und zwar auf sehr raffinierte Art und Weise.
Zuerst bietet er Erfolg an, solche psychotechnischen Tricks, mit denen der Mensch erfolgreiche Geschäfte abschließen, andere geschickt beeinflussen und sein Geld und seine Macht vermehren kann.

Der andere Trick ist viel hinterhältiger.

Hier bietet der falsche Lehrer keinen Wohlstand an, sondern eine Lüge, die den Schmerz des Schülers vollständig betäubt. Er hebt die Seele aus seinem Schicksal und treibt sie nicht in die Richtung, in der ihre äußeren und inneren Feinde stehen, sondern bringt sie in ein friedvolleres Hinterland, wo sie überhaupt nicht streiten muss oder nur mit Kräften, die keinen wirklichen Widerstand für sie bedeuten. Statt des erkämpften Friedens bietet er ihr Annehmlichkeiten, einen verzauberten Zustand, der so lange andauert, bis die brennenden Erinnerungen der aufgegebenen Schlacht die Seele heimzusuchen beginnen" (S. 79–81).

So weit Péter Müller. Ich glaube, diese Sätze sprechen für sich.

Scientology bietet solche lebenstechnischen Tricks an, mit denen man nur provisorisch davonkommt und *meint*, man hätte das Übel gelöst. Dies funktioniert aber auch nur eine gewisse Zeit lang.

Scientology lockt nicht nur mit *einer*, sondern mit *allen* von Péter Müller angeführten Versuchungen: Geld, Macht *und* der betäubenden Lüge.

Macht: Wissen und Fähigkeiten (auch magische!) bedeuten Macht. Scientology verspricht beides.

Geld: Man muss zwar zunächst reichlich bezahlen, aber durch gesteigerte Fähigkeiten und Macht verdient man später (angeblich) sehr viel mehr, als man ausgeben musste.

Betäubende Lüge: Im Auditing muss die Seele nur mit Kräften kämpfen, die keinen wirklichen Widerstand für sie bedeuten, da man sich ja nur mit fiktiven Dingen beschäftigt. Von der echten eigenen Problematik wird man damit abgelenkt. Hat man dann eine Auditing-Stufe abgeschlossen und einen Pseudosieg errungen, fühlt man sich zwar zunächst gestärkt und glaubt, sich verbessert zu haben. Dieser Zustand kann aber natürlich niemals lange vorhalten.

Besonders gefährlich wird Scientology aber durch die Tatsache, dass Hand in Hand mit der angeblichen Stärkung eine reale seelische Schwächung einhergeht, die bewirkt wird durch das Material der OT-Stufen, vor allem aber OT V, wo man zu einem zusammengesetzten Etwas herabgewürdigt wird und *nur* durch Scientology zu retten ist. Das Selbstbewusstsein ist im Keller, und *dies* ist der Hauptfaktor für die endgültige Abhängigkeit von Scientology.

Das Fazit der philosophischen Ausführungen Péter Müllers, dem ich voll zustimmen kann, ist also das Folgende: Jeder Mensch, der geistig reifen möchte, hat seine individuelle Lebensaufgabe, den Lebensplan, sein Schicksal oder Karma oder wie auch immer Sie es nennen mögen, das erfüllt werden muss. Um seelisch wachsen zu können, *muss man* die dazu erforderlichen Erfahrungen *durchleben*, und zwar vollständig und in der Realität. Pseudoerlebnisse im Auditing bringen überhaupt nichts. Es nützt auch nicht so sehr viel, nur vergangenes Leid aufzuarbeiten, wie es in der Dianetik gemacht wird. Dies kann das Leben zwar einfacher und leichter machen, trotzdem sind die Aufgaben, die Gegenwart und Zukunft an uns stellen, damit nicht gelöst. Jeder Mensch hat seinen ureigenen Weg, den er beschreiten muss; eine universelle Technik *kann niemals* zum Ziel führen. Sie führt auf ein „schmerzfreies Nebengleis" und ist *nicht* die Lösung, sondern hemmt die geistig-seelische Entwicklung. Ich zitiere nochmals Péter Müller: „Jede (durch Technik herbeigeführte seelische) Frühgeburt ist ein eitler Versuch, das Resultat von Hochmut, Ehrgeiz und Fanatismus – und das ist furchtbar schädlich" (S. 95; Anmerkung in Klammern von der Autorin).

Schlusswort

Mit dem Schreiben dieses Buches habe ich gleichzeitig auch ein Stück Vergangenheitsbewältigung betrieben. Es hat lange gedauert, bis ich mit mir selbst völlig im Reinen war, jedes Detail durchschauen und mir erklären konnte und somit fähig war, durch dieses Buch einen Schlussstrich unter die Angelegenheit zu ziehen.

Liebe Leser, wenn Sie einen Scientologen in der Verwandt- oder Bekanntschaft haben, versuchen Sie, ihn zum Lesen dieses Buches zu bewegen. Es wird ihm viel Leid ersparen und bedeutet bares Geld.

Ich hoffe, ich konnte mit meinem Buch auch erreichen, dass Sie ein gewisses Verständnis für den einzelnen Scientologen aufbringen können. Er will niemanden hintergehen oder abhängig machen. Er handelt in der vollen Überzeugung, das Beste für seine Mitmenschen zu tun, wenn er sie zu einer Mitgliedschaft in Scientology überreden will. Im Grunde ist jeder Scientologe ein Opfer. Das bedeutet natürlich nicht, dass man Scientology nicht bekämpfen soll. Im Gegenteil!

Nachdem Scientologen in letzter Zeit in Deutschland immer mehr ihre „Felle davonschwimmen" sahen, fühlten sie sich veranlasst, in der Ausgabe I/1996 von „Freiheit", einer Scientology-Publikation, die im Herbst 1996 in meinem Briefkasten und sicher auch in dem von Tausenden anderen deutschen Bürgerinnen und Bürgern landete, Angriffe gegen ihre Gegner nach allen Seiten hin auszuteilen. Da wird auf S. 15 unter der Überschrift „Was steckt hinter den Lügen?" im Abschnitt „Die Rechtfertigung" der Versuch unternommen, die Glaubwürdigkeit ehemaliger Mitglieder zu erschüttern, indem behauptet wird, die Ehemaligen müssten sich dafür rechtfertigen, dass sie Opfer einer Sekte geworden seien, und um ihre Selbstachtung zurückgewinnen zu können, stellten sie sich nun als bemitleidenswerte Opfer dar, die sich reinwaschen, indem sie die Verantwortung für ihre Taten „der religiösen Gemeinschaft aufbürden". Außerdem wären die vorgebrachten Gehirnwäsche-Szenarien nichts weiter als der Versuch, die Religion (Sekte) in den Augen von Behörden und der öffentlichen Meinung zu diskreditieren.

Für mich persönlich kann ich behaupten, dass ich nie meine Selbstachtung verloren und erst recht keine schlimmen Taten begangen habe, die ich nun irgendjemandem in die Schuhe schieben müsste. Ebenso greife ich keinen meiner früheren Kameraden in irgendeiner Weise an, sondern belaste nur den einen Verantwortlichen: L. Ron Hubbard. Und was die Gehirnwäsche in Scientology betrifft: Wer von jenen, die das Material der OT-Stufen kennen, könnte diese ernsthaft abstreiten, wenn Ron selbst sie uns so plausibel erklärt?

Geradezu lächerlich ist es jedoch, wenn sich Scientology mit den verfolgten Juden im Nazi-Deutschland vergleicht. Wer trachtet ihnen nach dem Leben? Sicher aber ist der Ansatz geeignet, das Ausland erneut gegen Deutschland aufzubringen und seine Angst vor den Deutschen zu schüren. Ebenso ist es für Scientology förderlich, das schlechte Gewissen der Deutschen wegen ihrer Nazivergangenheit wachzuhalten: Vielleicht kann man damit ja die Aktivitäten Deutscher gegen „Andersdenkende" (Scientology) eindämmen und lähmen.

Gott sei Dank hat Scientology hier die Rechnung ohne den Wirt – die Bundesregierung – gemacht. Diese hat im März 1996 beschlossen, eine Enquetekommission „Sogenannte Sekten und Psychogruppen" einzurichten, und lässt Scientology seit Juni 1997 sogar bundesweit vom Verfassungsschutz beobachten. Damit hat die Regierung gezeigt, dass sie das Problem ernst nimmt und die Bürger schützen will. Und das mit Recht. Denn mit Versprechungen von Freiheit, Fähigkeit und Lebensglück Menschen in Abhängigkeit und finanziellen Ruin zu treiben, ist eines der größten Verbrechen überhaupt, das vollständig L. Ron Hubbard anzulasten ist. Ich hoffe sehr, dass ich mit der Offenbarung der Geheimnisse der Scientology eine ihrer wirkungsvollsten Waffen unbrauchbar machen konnte.

Zeittafel

Was konnte in letzter Zeit im Kampf gegen Scientology erreicht werden? Nachfolgend finden Sie einen Überblick über die letzten zwölf Jahre, der keinen Anspruch auf Vollständigkeit erhebt:

Januar bis Dezember 1996

Die Bundesregierung beschließt die Einrichtung einer Enquetekommission „Sogenannte Sekten und Psychogruppen" (März 1996).

Frankreich: Verurteilung des Ex-Scientology-Chefs für Lyon wegen fahrlässiger Tötung und Betrugs (ein Scientology-Mitglied hatte sich während einer Auditing-„Therapie" das Leben genommen). Das Lyoner Gericht stellte unter anderem fest, Scientology ziele darauf ab, „Menschen mit betrügerischen Methoden" Geld zu entlocken, indem sie ihnen die Willensfreiheit nehme.

In Griechenland beschlagnahmte Akten beweisen, dass Scientology Politiker, Journalisten und auch Geistliche bespitzelt und verleumdet hat. Nach einem Prozess Ende 1996 wird Scientology in Griechenland verboten.

In Schweden prozessiert Scientology gegen ein Ex-Mitglied, das interne Dokumente im Internet veröffentlicht hat. Im Gegenzug lassen clevere Bürger die Dokumente im Reichstagsarchiv in Stockholm registrieren, sodass sie nach dem „Öffentlichkeitsgesetz" für jedermann zugänglich sind. Daraufhin setzen sich Scientologen tagelang ins Archiv und vereiteln den Zugriff auf die Dokumente, die am Ende spurlos verschwinden.

Ein von 34 US-Künstlern unterzeichneter „Offener Brief" an Bundeskanzler Helmut Kohl, in dem die Bundesrepublik wegen angeblicher Verfolgung von Scientologen mit dem Naziregime verglichen wird (Dezember 1996), erscheint als

Anzeige am Donnerstag, den 9. Januar 1997, im „International Herald Tribune", Paris.

Januar 1997

Bayern und Baden-Württemberg stellen im Bundesrat den Antrag, das Vorgehen gegen Scientology länderübergreifend zu koordinieren. Danach sollen die rechtsstaatlichen Mittel gebündelt werden, um Scientology in ihrer Bewegungsfreiheit einzuschränken. Einflussnahme der Sekte bei der Vergabe öffentlicher Aufträge soll im Rahmen des rechtlich Zulässigen verhindert werden.

Das US-Außenministerium übt massive Kritik an Deutschland wegen der Maßnahmen gegen Scientology. Die USA fordern Deutschland auf, die „Kampagne der Belästigung und Einschüchterung" gegen Scientology zu unterlassen und Menschen nicht „wegen falschen Denkens" zu verfolgen. Gleichzeitig äußert sich Washington jedoch auch kritisch zu „Terrortaktiken der Scientology gegen die deutsche Regierung".

Vermehrt gehen abtrünnige Scientology-Mitglieder an die Öffentlichkeit.

Der Verfassungsschutz Baden-Württemberg beginnt mit der Beobachtung von Scientology.

Februar 1997

Die deutsche Regierung weist die Kritik des US-Außenministeriums am Umgang mit der Scientology in der Bundesrepublik zurück mit den Worten, Bonn brauche sich bei der Gewährung von Grund- und Menschenrechten im internationalen Vergleich hinter niemandem zu verstecken.

Das Landesamt für Verfassungsschutz Baden-Württemberg richtet ein „vertrauliches Telefon" für Scientology-Betroffene ein mit der Absicht, Hinweise aus der Bevölkerung bei seiner Arbeit zu berücksichtigen.

Thomas Gandow, Sektenbeauftragter der Evangelischen Kirche Berlin-Brandenburg, schlägt eine Beobachtung der Scientology durch den Bundesnachrichtendienst vor.

Populäre US-Künstler (Scientologen) greifen erneut die deutsche Bundesregierung an. – Ein republikanischer Kongressabgeordneter bringt im Repräsentantenhaus eine Resolution ein, in der das Kabinett Kohl wegen Diskriminierung von Scientologen verurteilt wird.

US-Außenministerin M. Albright und Bundesaußenminister Klaus Kinkel versichern, dass das Thema Scientology die Beziehungen zwischen Deutschland und den USA nicht belasten wird.

März 1997

„Amtlich bekannt gewordene" Scientology-Betriebe werden in deutschen Arbeitsämtern gesondert mit dem Kennzeichen „S" erfasst. Ein Rundschreiben der Bundesanstalt für Arbeit fordert, dass die Arbeitsämter bis Ende April 1997 den Vollzug der „Eingabe" der Scientology-Hinweise melden müssen.

April 1997

Ein von der Landesregierung Baden-Württemberg der Universität Tübingen in Auftrag gegebenes Gutachten stellt fest, dass man Scientology nicht als „kriminelle Vereinigung" bezeichnen könne. Jedoch wird betont, dass von Scientology Gefahren für Menschen ausgehen. Die Organisation sei in der Lage, „extremen Druck" auszuüben und die Menschen in seelische und finanzielle Abhängigkeit zu bringen. Genau geklärt werden müssten deshalb die Risiken der Psychotechniken.

Die Beobachtung durch den Verfassungsschutz wird fortgesetzt, da das Gutachten Scientology eine rechtsstaatlich bedenkliche Programmatik bescheinigt, deren strategische Ausbreitung in der Gesellschaft zu überprüfen sei.

Juni 1997

Eine bundesweite Beobachtung der Scientology durch den Verfassungsschutz beginnt. Eine Innenminister-Konferenz war zu dem Schluss gekommen, „dass bei der Scientology-Organisation tatsächliche Anhaltspunkte für Bestrebungen gegen die freiheitlich-demokratische Grundordnung" vorliegen. Scientology erklärt, Klage gegen diesen Beschluss einzureichen. Etwa 25 Scientology-Anhänger demonstrieren in Stuttgart gegen den Beschluss und „religiöse Gesinnungsschnüffelei".

Juli 1997

Für ein Verbot der Scientology-Organisation sieht Bundesinnenminister Manfred Kanther keine rechtliche Grundlage. Ein Verbotsverfahren habe kaum Aussicht auf Erfolg, da es bisher nicht gelungen sei, „tragfähiges Beweismaterial" zu beschaffen.

Beschluss des Bonner Landgerichts, dass politische Parteien berechtigt sind, Scientologen von einer Parteimitgliedschaft auszuschließen.

Veröffentlichung des Zwischenberichts der Enquetekommission „Sogenannte Sekten und Psychogruppen". Der Bericht begrüßt den Beschluss der Innenminister-Konferenz, Scientology durch den Verfassungsschutz überwachen zu lassen. Auch die Forschungsarbeit über Sekten müsse verstärkt werden.

Das Kölner Bundesamt für Verfassungsschutz richtet eine Telefon-Hotline für Scientology-Geschädigte ein.

September 1997

Der amerikanische Senator Alfonso D'Amato kündigt an, auf der nächsten Tagung der OSZE (Organisation für Sicherheit und Zusammenarbeit in Europa) darauf zu dringen, dass Deutschland die Belästigung von Scientologen einstelle.

Bundesaußenminister Klaus Kinkel weist die Kritik an der angeblich diskriminierenden Behandlung der Scientology als „unerträglich" zurück.

Oktober 1997

Protestmarsch von zirka 3.000 Scientologen in Berlin gegen ihre angebliche Diskriminierung.

November 1997

Die Einstufung von Scientology-Vereinen als Wirtschaftsunternehmen muss erneut gerichtlich geprüft werden. Das Bundesverwaltungsgericht hob ein dahingehendes Urteil des Verwaltungsgerichtshofs Mannheim wegen „Rechtsfehlerhaftigkeit" wieder auf.
Eine 40-jährige deutsche Scientologin erhält Asyl in den USA wegen angeblicher religiöser Verfolgung in Deutschland.

Februar 1998

Razzia mit etwa 130 Polizeibeamten in fünf Häusern der Scientology-Organisation in München. Anlass: Ermittlungsverfahren um einen ungeklärten Todesfall sowie drei Fälle von schwerer Brandstiftung.
Mitglieder der Enquetekommission „Sogenannte Sekten und Psychogruppen" reisen nach Washington, um dort bei Gesprächen mit Juristen, Experten und Opfern weitere Informationen über Scientology zu erhalten. Ihre Einschätzung bei Abschluss der Reise: „Scientology ist eine der gefährlichsten international tätigen Sekten" (dpa).

April 1998

Der erste deutsche Verfassungsschutzbericht über den „Geheimdienst" von Scientology, das OSA (Office of Special

Affairs) wird vorgelegt. Zu den Aufgaben der OSA, so das Fazit des Hamburger Landesamts für Verfassungsschutz, gehört „die Abwehr von Angriffen von Regierungen und die Verfolgung und Zermürbung von Kritikern und Aussteigern, indem diese mit Prozessen überzogen, gezielt bespitzelt, diffamiert und durch andere Formen von Psychoterror belästigt werden".

Auch in Baden-Württemberg ist die OSA sehr aktiv. Das Landesamt für Verfassungsschutz hat dafür eine Vielzahl von Belegen gesammelt. Auch hier würden Gegner ausgespäht und in Ermittlungsakten erfasst. Die OSA suche gezielt nach Skandalen, um Kritiker kompromittieren zu können. Nach Informationen des Landesamts für Verfassungsschutz werden auch politische Parteien von Scientology beobachtet. Es wurden bei Scientology sogar Protokolle über nichtöffentliche Parteisitzungen sichergestellt.

Juni 1998

Der hessische Verfassungsschutzbericht kann mit keinen Besonderheiten aufwarten. Innenminister Gerhard Bökel wirft deshalb die Frage nach dem Sinn einer weiteren Beobachtung von Scientology auf.

Die Enquetekommission „Sogenannte Sekten und Psychogruppen" legt ihren Abschlussbericht vor. Obwohl sie entgegen landläufiger Meinung Sekten und Psychogruppen für nicht gefährlich hält, räumt sie Scientology eine Sonderrolle ein. Scientology sei auf keinen Fall zu den religiösen Gemeinschaften zu rechnen. Stattdessen plädieren Koalition und SPD dafür, die Organisation weiter vom Verfassungsschutz beobachten zu lassen. Die Grünen fordern, gegen Scientology mit strafrechtlichen Mitteln und Aufklärung vorzugehen.

Ein deutscher Verfassungsschützer wird in der Schweiz wegen illegaler Recherchen zur Scientology-Organisation angeklagt. Das Landesamt für Verfassungsschutz entschuldigt sich schriftlich bei der Bundespolizei Bern.

In Schweden muss Scientology nun die Veröffentlichung ihrer geheimen Schriften hinnehmen. Das höchste schwedische Verwaltungsgericht stellt das schwedische Öffentlichkeitsprinzip über das internationale Urheberrecht.

September 1998

Die Gewerkschaft der Polizei fasst auf ihrem Bundeskongress einen Unvereinbarkeitsbeschluss, wonach Mitglieder der Scientology-Organisation aus der Gewerkschaft der Polizei ausgeschlossen werden.

Juni 1999

Das Bayerische Verwaltungsgericht München stellt in seinem Urteil vom 2. Juni 1999 fest, dass beim Celebrity Center Scientology Kirche München e.V. die Voraussetzungen für eine Entziehung der Rechtsfähigkeit gegeben sind. Nur „Idealvereine" dürfen ins Vereinsregister eingetragen werden. Wirtschaftliche Vereine müssen wieder aus dem Vereinsregister gestrichen werden. Das Gericht bestätigt die Streichung eines solchen Scientology-Vereins aus dem Vereinsregister.

Das Oberlandesgericht Stuttgart urteilt am 22. Juni 1999, dass die eigene Mitgliedschaft oder eine enge Verbindung zur Scientology-Organisation bei Abschluss eines Personalberatungsvertrags einen wesentlichen Umstand darstellt, über den der Vertragspartner aufzuklären ist.

Oktober 1999

Die Polizei in Belgien beschlagnahmt bei einer Razzia Buchhaltungsunterlagen sowie Tausende Akten über Mitglieder der Scientology-Organisation.

In Luxemburg werden Scientology-Bankkonten kontrolliert, wobei der Verdacht entsteht, dass Scientology seine weltweite Finanzstruktur verschleiern will.

Auch in Paris finden Razzien statt.

November 1999

Frankreich: Bei einem Betrugsprozess in Marseille gegen fünf
  Mitglieder der Scientology-Organisation, darunter auch
  der Scientology-Regionalchef von Marseille, Xavier Dela-
  mare, verschwinden auf ungeklärte Weise wichtige Akten.
  Der sozialistische Abgeordnete Raymond Forni erklärt,
  solche Umtriebe wunderten ihn überhaupt nicht, sei doch
  anzunehmen, dass die Scientologen im Justizapparat Pro-
  tektion genössen. Bei ihm als Vorsitzenden der Rechtskom-
  mission hätten Anhänger dieser Sekte ebenfalls versucht,
  sich zu infiltrieren. Der Prozess endet für die Angeklagten
  mit Haftstrafen zwischen sechs Monaten und zwei Jahren.
  Die Richter befinden die fünf für schuldig, zwischen 1987
  und 1990 zahlreiche Menschen zu einer sogenannten Rei-
  nigungsbehandlung genötigt zu haben, die bis zu 150 000
  Francs kostete.

Dezember 1999

England erkennt Scientology nicht als wohltätig an.

Februar 2000

Die Scientology-Organisation bedroht nach Einschätzung der
  französischen Sektenbekämpfungsbehörde „die Menschenrechte und das gesellschaftliche Gleichgewicht". Scientology
  propagiere zwar auch religiöse Ziele, sei aber eine Organisation mit „totalitärer Struktur", heißt es im Bericht der Regie-
  rungsbehörde zur Bekämpfung der Sekten (Mils). Damit
  gehöre Scientology zu jenen Gruppen, die eine Gefahr für
  die „öffentliche Ordnung" und „die menschliche Würde"
  bedeuteten. Mils-Chef Alain Vivien hatte Scientology bereits
  einige Monate zuvor in einem Zeitungsinterview als „totali-

täre" und „extrem gefährliche" Sekte eingestuft, die in Frankreich verboten werden sollte.

Mai 2000

Bei einer Razzia am Sitz der Scientology-Organisation in Paris beschlagnahmen Fahnder des französischen Betrugsdezernats zahlreiche Akten über Anhänger und Gegner der Organisation sowie zwei Computer mit umfangreichem Datenmaterial.

Juni 2000

Die französische Nationalversammlung unter dem mittlerweile zum Vorsitzenden aufgerückten Raymond Forni verschärft einstimmig zahlreiche Maßnahmen zur Bekämpfung des Sektenwesens. Der Gesetzestext sieht die Möglichkeit vor, dass Sekten, die zweimal straffällig geworden sind, durch Gerichtsbeschluss aufgelöst werden können. Die strafrechtliche Verantwortlichkeit juristischer Personen wird massiv ausgedehnt auf Fälle illegaler ärztlicher Tätigkeit, lügenhafter Propaganda, Anstiftung zum Selbstmord usw. Zweifelhaften Organisationen kann verboten werden, sich in der Nähe von Schulen, Spitälern oder Altersheimen niederzulassen. Auch Baubewilligungen können ihnen verweigert werden, falls bereits Einträge im Strafregister vorliegen. Außerdem wird ein neuer Straftatbestand geschaffen, der kurz mit „geistiger Manipulation" umschrieben wird. Mit drei Jahren Gefängnis und einem saftigen Bußgeld soll bestraft werden, wer andere in „psychologische oder psychische Abhängigkeit" versetzt oder wer Techniken anwendet, die die Urteilsfähigkeit einer Person so verändern, dass diese gegen ihren Willen Handlungen begeht, die ihr schweren Schaden zufügen.

Juni 2001

Die Staatsanwaltschaft Basel beschließt, Scientology sei keine Religion, sondern ein destruktiver Kult.

Juli 2001

Werbeverbot in der Schweiz: Nachdem die Stadt Lausanne Scientology 1998 verboten hatte, auf öffentlichem Grund Druckerzeugnisse zu verteilen, und Scientology dagegen geklagt hatte, stützt nun das Waadtländer Verwaltungsgericht den Entscheid des Stadtrats.

November 2001

Bei einem Flugzeugabsturz in der Schweiz tauchen sogenannte Volunteer Ministers an der Absturzstelle auf, um scientologische Erste Hilfe zu leisten. Sie kommen zu spät, die Verletzten sind bereits im Spital. Aber selbst wenn sie rechtzeitig erschienen wären, hätten sie tatenlos zusehen müssen. „Wir akzeptieren die Scientologen als Helfer nicht", erklärt der Pressesprecher der Kantonspolizei kategorisch.

November 2002

Erweiterter Maßnahmenkatalog der bayerischen Staatsregierung gegen Scientology wird vorgestellt:
Der Verfassungsschutz beobachtet Scientology in Bayern „auch unter dem Gesichtspunkt der organisierten Kriminalität".
Bundesinnenminister Otto Schily soll ein Verbotsverfahren einleiten, die Beobachtung durch den Verfassungsschutz intensivieren und den Staat vor Infiltration und Ausforschung schützen.
Das Psychovertragsgesetz soll erneut eingebracht werden.
Werberecht und Heilpraktikerrecht sollen geprüft werden.

Februar 2003

Der Wissenschaftler und Jurist Prof. Dr. Arnd Diringer veröffentlicht seine Untersuchung über Scientology mit dem Titel „Scientology. Verbotsmöglichkeit einer verfassungsfeindlichen Bekenntnisgemeinschaft" in Buchform (Verlag Peter Lang 2003, 271 Seiten; ISBN 3-631-39806-9). Sein Fazit: „Die Scientology-Kirche erfüllt alle Voraussetzungen für ein Verbot gemäß Art. 9 Abs. 2 GG. Die Vereinigung strebt eine neue staatliche und gesellschaftliche Ordnung an, die mit wesentlichen Elementen der freiheitlich-demokratischen Grundordnung nicht zu vereinbaren ist. Um eine solche Gesellschaftsordnung zu etablieren, versucht die Vereinigung zum einen eine gezielte Infiltration wesentlicher gesellschaftlicher und politischer Bereiche durch einzelne Scientologen, zum anderen ist die Scientology-Kirche bestrebt, selbst Einfluss bis hin zur Übernahme auf Regierungen auszuüben. Gegner und Kritiker der Vereinigung, die die Verwirklichung ihrer Ziele behindern könnten, werden nicht nur publizistisch bekämpft, vielmehr bildet auch Gewaltanwendung einen integralen Bestandteil scientologischer Dogmatik und Handlungspraxis." Mehr noch: Diringer wendet das Legalitätsprinzip an. Das bedeutet: Es liegt nicht im Ermessen des Staates, ob er bei Vorliegen der Voraussetzungen für ein Verbot verbieten *will*, sondern in diesem Fall *muss* er Scientology verbieten.

April 2003

24 Mitglieder des Europarats kritisieren Narconon (Scientology-Tarnorganisation zum angeblichen Drogenentzug) folgendermaßen: „Tatsächlich wird die Abhängigkeit von der Droge durch die Abhängigkeit von Scientology ersetzt."

Februar 2004

Eine neue Broschüre des Verfassungsschutzes Baden-Württemberg trägt zur Demaskierung der Scientology-Organisation bei. So wird beispielsweise auch der SO-eigene Geheimdienst, das „Office of Special Affairs", detailliert erklärt, wobei insbesondere dessen Strategie der Informationsgewinnung und Diffamierungskampagnen mit Fallbeispielen aus der Praxis angereichert werden.

Oktober 2004

Mitarbeiter von Scientology hatten die Einwohner von Beslan (Nordossetien in Russland) kurz nach einem Geiseldrama in ein Zentrum für psychologische Hilfe eingeladen und Literatur vertrieben. Daraufhin verbieten die nordossetischen Behörden Scientology jegliche Aktivitäten auf dem Territorium der Kaukasus-Teilrepublik. Über 20 Mitarbeiter der Organisation werden von der Polizei vorgeladen und aufgefordert, die Republik innerhalb von 24 Stunden zu verlassen. Neben fehlenden Lizenzen für ihre Tätigkeit wurde als Begründung angeführt, die Aktivitäten von Scientology stellten unter dem Deckmantel humanitärer Hilfe in Wirklichkeit eine Bedrohung besonders für Kinder und Jugendliche dar.

November 2004

Das Verwaltungsgericht Köln entscheidet, dass die Beobachtung der Scientology-Kirche Deutschland durch das Bundesamt für Verfassungsschutz rechtmäßig ist. Nach Ansicht des Gerichts gibt es Anhaltspunkte dafür, dass Scientology verfassungsfeindliche Zielsetzungen verfolge, die gegen die freiheitlich-demokratische Grundordnung gerichtet seien und wesentliche Grund- und Menschenrechte – wie die Menschenwürde, das Recht auf freie Entfaltung der Persönlichkeit und das Recht auf Gleichbehandlung – außer Kraft gesetzt oder eingeschränkt haben sollen. Zudem strebe Scientology eine Gesellschaft ohne allgemeine und gleiche Wahlen an.

Dezember 2004

Nach dem Tsunami vom 26. Dezember 2004 organisiert Scientology eine Katastrophenhilfe zu Werbezwecken. Als Beweis für die Hilfe der „ehrenamtlichen Geistlichen" wird ein Bild mit einem Reisebus und einem Werbeplakat im Vordergrund verbreitet. Den Bildbeschreibungen zufolge befindet sich der Bus einmal in Indonesien, einmal in Indien. Dazwischen liegen der Indische Ozean oder einige Tausend Kilometer Landweg!

Juli 2005

Belgien: Justizministerin Laurette Onkelinx verweigert Scientology die offizielle Anerkennung als Religion.

April 2006

Scientology korrigiert ihre übertriebene Angabe der Mitgliederzahlen in Deutschland von 30.000 auf 12.000. Nach Beobachtungen der Verfassungsschutzbehörden sind es hingegen nur 5.000 – 6.000. Damit räumt Scientology indirekt ein, dass die seit Jahren verbreitete Propaganda der fortwährenden Expansion in Deutschland keine ernsthafte Grundlage hat.

Am 8. April 2006 findet in Brüssel der „1. Europäische Expansionsgipfel" der Scientology-Organisation statt. Die Belgische Zeitung „Le Soir" veröffentlicht anschließend Interna aus dieser Veranstaltung. Demnach verlautbarten SO-Funktionäre, Scientology befinde sich im „Krieg" und man müsse die Kontrolle in Belgien übernehmen. Ein Sprecher habe Institutionen der Europäischen Union unterschwellig mit „Nazis" und den „Kräften des Vierten Reichs" verglichen.

Den Reden folgten massive Versuche, Mitarbeiter zu rekrutieren, weil Scientology wohl ihre Zentrale in Brüssel errichten und die Stadt mit einem Netz von Niederlassungen überziehen wolle. Hierfür soll die Organisation umfangreichen Immobilienbesitz in der Nähe politischer Institutionen der EU und des belgischen Staats erworben haben.

September 2006

Nachdem Scientology seit vielen Jahren Narconon als einzigartiges Therapieangebot für Suchtkranke mit einer Erfolgsquote von 80% propagierte, wird jetzt bekannt, dass in Deutschland offenbar keine „Therapie"-Einrichtungen von „Narconon" mehr existieren. Die Niederlassung „Narconon Norddeutschland" in Itzehoe besteht gar nicht mehr, „Narconon Bayern e.V." lediglich als „Informationsbüro", nicht jedoch als „Therapie"-Einrichtung.

Mai 2007

Nach Fertigstellung des neuen Berichts des Berliner Verfassungsschutzes über Scientology befürchtet Innensenator Körting, dass die Organisation Einfluss auf Bundestagsabgeordnete nehmen will. Nachdem der Berliner Verfassungsschutz die Beobachtung von Scientology im Jahr 2003 eingestellt hatte, soll die Überwachung durch den Nachrichtendienst nun wieder aufgenommen werden.

Juli 2007

Scientologen werden vom SO-Management informiert, dass die Schriften Hubbards, denen wortgetreu und unter Androhung von Sanktionen Folge geleistet werden muss, seit Jahrzehnten Unrichtigkeiten in einem solchen Ausmaß enthielten, dass komplette Neuausgaben notwendig seien. Damit wird es für jeden Scientologen unabdingbar, die bereits erworbenen Bücher zu ersetzen. Der Neuerwerb nebst dazugehörenden Vortrags-CDs kostet rund € 2.500,– bis 3.300,–. Unterstellt, dass ein Großteil der weltweit geschätzten aktiven Scientologen – etwa 100.000 Personen – in absehbarer Zeit die kompletten Neuausgaben erwirbt, könnte Scientology allein dadurch in ihrem Verlagsbereich mit einem Umsatz in einer Dimension von rund 300 Millionen Euro rechnen.

Glossar

Die Ausdrücke werden hier so erklärt, wie sie in Scientology verstanden werden.

Aberration: Unvernünftiges Verhalten oder Denken, Dinge falsch machen, sich im Irrtum befinden; wird hervorgerufen durch Restimulation von Engrammen, Implants etc.

Admin: Abkürzung von Administration = Verwaltung.

Analytischer Sinn: Der Verstand, der bewusst wahrnimmt, der analysiert, Schlüsse zieht, Probleme löst; Gegensatz dazu ist der reaktive Verstand.

AOSH EU & AF: Advanced Organization Saint Hill Europe & Africa = Fortgeschrittene Organisation in Kopenhagen, zuständig für alle Scientologen in Europa und Afrika.

Auditing: Dianetische oder scientologische Frage- und Antworttechniken, von einem Auditor an einem Preclear angewandt mit dem Ziel, ihn von aberriertem Verhalten zu befreien und ihn fähiger und glücklicher zu machen.

Auditor: Person, die Auditing liefert.

Bank: Andere Bezeichnung für den reaktiven Sinn / Verstand.

Befreiter: Release = eine Person, deren reaktiver Sinn momentan inaktiv ist und sie nicht beeinflusst.

Beingness: Sein; Merkmale der Identität einer Person, wie Name, Beruf, Aussehen etc.

blowen: abhauen, sich aus dem Staub machen.

Brücke: Der Weg zu Clear und OT.

Bulletin: Hier HCO-Bulletin (Hubbard Communication Office Bulletin), abgekürzt HCOB; sämtliche Auditingschritte und -verfahrensweisen sowie die gesamten Kursmaterialien sind in HCOBs, alle von Ron selbst geschrieben, enthalten.

CCRD: Clear Certainty Rundown = Clear-Sicherheits-Rundown; ein Auditingverfahren, um herauszufinden, ob jemand den Zustand „Clear" erreicht hat.

Celebrity Center: Scientology-Zentrum, in dem nur Künstler und Prominenz verkehren.

Clear: Person, die keine Engramme mehr hat.

Come-on: Etwas, das als Anlockung oder Anreiz angeboten wird; Verleitung; Verführung (World Book Dictionary).

Datum: Ein Stück Wissen, eine Information; Mehrzahl: Daten.

Dianetik: In der Dianetik werden Engramme durch Auditing eliminiert, womit gleichzeitig Krankheiten, unvernünftiges Denken, Schmerzen und Missemotionen verschwinden (sollen!); dies bedeutet auch, dass die reaktive Bank gelöscht und der Betreffende clear wird.

Disseminierung: Verbreitung.

durchlaufen: Ein Geschehnis in allen Details genau so, wie es passiert ist, vom Beginn bis zu seinem Ende teilweise wiedererleben; Schmerzen und Emotionen des Geschehnisses werden in der Gegenwart in abgeschwächter Form wiederempfunden.

Dynamiken: Grundlegende Triebkräfte zum Überleben; es gibt acht Dynamiken:

1. Dynamik: Drang zum Überleben als Ich
2. Dynamik: Drang zum Überleben als Ehepaar und Familie
3. Dynamik: Drang zum Überleben als Gruppe von Menschen
4. Dynamik: Drang zum Überleben als Menschheit
5. Dynamik: Drang zum Überleben als Lebewesen (einschließlich Tiere und Pflanzen)
6. Dynamik: Drang zum Überleben als das physische Universum (also Menschen, Tiere, Pflanzen und alle Materie)
7. Dynamik: Drang zum Überleben als geistiges Wesen
8. Dynamik: Drang zum Überleben als Unendlichkeit (Unendlichkeit wird in Scientology auch mit dem Höchsten Wesen gleichgesetzt).

E-Meter: Elektrometer; Gerät ähnlich einem Lügendetektor, mit dem ein minimaler Strom durch den Körper geleitet wird und das den Körperwiderstand misst, der von Gedankenbildern beeinflusst wird; man kann damit also geistige und emotionale Zustände und deren Veränderungen messen; dient als Hilfe beim Auditieren.

Endphänomen: Es gibt bestimmte Zustände oder Fähigkeiten, die das Ziel spezieller Auditing-Aktionen sind; wenn sie erreicht sind und man sie an Preclear und E-Meter feststellen kann, hat man das Endphänomen.

Engramm: Im reaktiven Verstand gespeicherte Zeit von physischem Schmerz und Bewusstlosigkeit; ein Engramm wird mit allen Wahrnehmungen bis ins kleinste Detail aufgezeichnet, wobei der analytische Sinn ganz oder teilweise ausgeschaltet ist; wird ein Engramm restimuliert, reagiert der Mensch aberriert und entwickelt psychosomatische Krankheiten.

Ethik:
1. Vernunft in Bezug auf optimales Überleben für die größtmögliche Anzahl von Dynamiken; eine Handlung, die Scientology Schaden zufügt, ist also in höchstem Maße unethisch.
2. Abteilung der Scientology-„Kirche".

Fall: Spezifische Abweichung von optimalem Verhalten, Denken, Fühlen und körperlicher Gesundheit, die ein Preclear aufweist.

Fallüberwacher: Derjenige, der die Auditing-Akten überwacht und überprüft und die Anweisungen für die nächsten Auditing-Schritte gibt.

Freiwild: Unterdrücker werden zum Freiwild erklärt. Sie haben keine Rechte, welcher Art auch immer, und jedes Verbrechen darf an ihnen verübt werden.

FSM: field staff member = Feld-Stabs-Mitarbeiter; Freier Mitarbeiter, der im Feld (in der Öffentlichkeit) arbeitet und neue Leute für Scientology gewinnt.

GPM: goals problem mass = Ziele-Problemmasse; eine geistige Masse, die durch zwei entgegengesetzte Kräfte gebildet wird; die Kraft eines Menschen, der ein Ziel verfolgt, kollidiert mit der Kraft eines anderen, der das Erreichen des Zieles verhindern will; eine Ziele-Problemmasse kann psychosomatische Krankheiten erzeugen.

handhaben: einen Zyklus zur Zufriedenheit beenden; einer Person oder Situation eine spezifische Behandlung zukommen zu lassen, die bestehende Probleme auflöst.

HCO-Policybrief (HCO PL): Ausschließlich von Hubbard geschriebene Anweisungen für Organisation und Verwaltung; im Gegensatz dazu wird das HCO-Bulletin (HCOB) für Auditing und Kurse herausgegeben.

Honor Rolls: Mitglieder der Scientologenvereinigung IAS, die besonders hohe Spenden leisten, werden in die „Ehrenurkunden" eingetragen; diese befinden sich auf dem Scientology-eigenen Schiff „Freewinds", auf dem OT VIII geliefert wird, und in Flag; und sie werden immer wieder in Scientology-Publikationen abgedruckt.

IAS: International Association of Scientologists = Internationale Vereinigung der Scientologen; das Ziel dieser Vereinigung ist, Scientologen und ihre „Technologie" zu beschützen und zu verteidigen und dafür zu sorgen, dass Scientology auch in Zukunft noch bestehen wird und ihren Service liefern kann; die IAS verlangt feste Mitgliedsbeiträge und erwartet zusätzlich hohe Spenden, die in die sogenannte Kriegskasse fließen, aus der in erster Linie Anwalts- und Gerichtskosten, aber auch Werbung und Expansion bezahlt werden.

Implants: Einpflanzung = elektronisches Mittel, um einem Wesen falsche Vorstellungen, Ideen, Meinungen aufzuzwingen.

Kette: Reihe von Engrammen, die sich inhaltlich ähneln.

klären: alle Engramme auslöschen.

konfrontieren: etwas oder jemandem bequem gegenüberzustehen, ohne zurückzuschrecken.

Ladung: Im reaktiven Verstand angesammelte schädliche Energie, die aus Engrammen resultiert; Ladung wird durch Auditing entfernt.

L-Rundown: Spezielles OT-Auditing, nur in Flag erhältlich.

MEST-Work: MEST = matter, energy, space, time (engl.) = Materie, Energie, Raum, Zeit; aus diesen Komponenten besteht das physikalische Universum. MEST-Work bedeutet also körperliche Arbeit im Gegensatz zur geistigen.

Mystery: Leim, der Thetane an Dingen festhalten lässt.

nicht-wissen: versuchen, sich nicht zu erinnern.

Org-Board: Organisationstafel mit Hierarchien und kurzen Stellenbeschreibungen.

OSA: Office of Special Affairs; scientologischer Geheimdienst.

OT: Operierender Thetan = geistiges Wesen, das sich außerhalb seines Körpers befindet (oder gar keinen hat) und daher in der Lage ist, sich selbst und seine Umwelt perfekt zu kontrollieren und zu handhaben.

OT-Stufen: Auditing oberhalb von „Clear" mit dem Ziel, den kompletten OT-Zustand zu erreichen.

Overt: Schädliche, gegen das Überleben gerichtete Tat; es kann auch eine Unterlassung sein, wenn daraus schlechte Folgen resultieren; sobald etwas für die Mehrzahl der Dynamiken schädlich ist, ist es ein Overt.

Policy: Regeln für die Organisation und Verwaltungsarbeit in Scientology.

Preclear:
1. Jeder, der auf dem Weg zu „Clear" ist, den Zustand selbst aber noch nicht erreicht hat.
2. Allgemein gebräuchlich für jeden, der Auditing erhält.

Pre-OT: Clear, der durch die OT-Stufen geht und auf dem Weg zum vollen OT (OT VIII) ist.

Prozess: Auditing-Aktion, bestehend aus bestimmten, festgelegten Fragen.

Public: Scientologe, der kein Mitarbeiter von Scientology-Organisationen ist, oder generell jemand aus der Öffentlichkeit.

Reaktiver Sinn: Gegenstück zum analytischen Sinn; er ist quasi das Unterbewusstsein und arbeitet als Reiz-Reaktions-Mechanismus; der reaktive Sinn kann also nicht denken, Schlussfolgerungen ziehen etc., sondern nur auf einen Reiz hin spontan reagieren; dies geschieht unbemerkt vom analytischen Sinn.

Realität: Übereinstimmung darüber, wie etwas ist.

Reinigungs-Rundown: Reinigung des Körpers von Drogen-, Medikamenten- und Strahlungsrückständen durch tägliche stundenlange Saunagänge, kombiniert mit Dauerlauf und der Einnahme hochdosierter Vitamine; Ziel: a) bessere geistige Fortschritte im Auditing zu erreichen und b) gegen eventuelle künftige radioaktive Strahlung immun zu sein.

Restimulation: Wenn Wahrnehmungen der Gegenwart denen eines Engramms ähneln, tritt das Engramm (Teil des reaktiven Verstands) in Aktion und verursacht der Person die gleichen Schmerzen, Empfindungen etc. wie die in dem Engramm enthaltenen.

Review: Abteilung der Scientology-„Kirche", die Auditing-fehler repariert beziehungsweise nötige Korrekturen vornimmt; Review-Auditing = Reparatur-Auditing zur Behebung diverser Schwierigkeiten.

Rundown: Reihe von Auditing-Schritten, um ein bestimmtes Ziel zu erreichen.

Schwarze Massen: Bei deren Existenz ist der Preclear unfähig, im Auditing durch sie hindurch in seine Bank (den reaktiven Verstand) zu schauen.

Schwebende Nadel: Gleichmäßiges Schweifen der E-Meter-Nadel über die Skala. Zeigt das erfolgreiche Ende eines bestimmten Auditing-Schrittes an.

Scientology: Lehre vom Wissen, wie man weiß; Philosophie über die Zusammenhänge des Lebens, durch Auditing praktisch anwendbar, um Verbesserungen im Leben zu erzielen.

Sea-Org: 1968 gegründete Elite-Einheit der Scientology; verwaltet die fortgeschrittenen Organisationen (in Kopenhagen, East Grinstead, Sydney, Los Angeles und Clearwater) und das OT-Material.

Solo-Auditing (auch Solo-Sitzung): Auditing, bei dem der Preclear gleichzeitig der Auditor ist (nur auf den OT-Stufen möglich).

SP: suppressive person (engl.) = Unterdrücker.

squirreln: Scientology-Technologie abändern, abkürzen oder mit anderen Praktiken und Techniken vermischen.

Thetan: Das Ich als geistiges Wesen; das, was sich seiner selbst bewusst ist.

Unterdrücker:
1. Ein Unterdrücker, auch antisoziale Persönlichkeit genannt, degradiert andere Menschen und wertet sie ab, kämpft gegen Hilfe und alles Positive; sein Ziel ist die

Schaffung von Schlechtem und Bösem; er ist psychotisch und unfähig, sich zu verbessern.

2. Jemand, der Scientology oder Scientologen Schaden zufügt.

Zeitspur: Fortlaufende Aufzeichnung sämtlicher Geschehnisse im Leben beziehungsweise in allen Leben eines Menschen; komplette Speicherung aller Wahrnehmungen der Vergangenheit, mit genauen Datumsangaben versehen; Länge: mindestens 350 Billionen Jahre.

Zyklus: Irgendeine Handlung, komplett von Anfang bis Ende.

Literatur

(Auswahl)

Billerbeck, Liane v./Nordhausen, Frank, Der Sekten-Konzern – Scientology auf dem Vormarsch, Christoph Links Verlag, Berlin, 3. Auflage 1993 (Aus diesem Band sind die Kommentare Friedrich-Wilhelm Haacks zu Hubbards Biografie entnommen, auf die ich mich in meinem Kapitel „Ron" beziehe.)

Diringer, Arnd, Prof. Dr. jur., Die Brücke zur völligen Freiheit? – Struktur, Dogmatik und Handlungspraxis der Scientology-Organisation, EZW-Texte Band 188, Evangelische Zentrale für Weltanschauungsfragen, Berlin, 1. Auflage Januar 2007

Diringer, Arnd, Prof. Dr. jur./v. Campenhauen, Link (Hg.), Scientology – Verbotsmöglichkeit einer verfassungsfeindlichen Bekenntnisgemeinschaft, Schriften zum Staatskirchenrecht Band 9, Peter Lang GmbH Europäischer Verlag der Wissenschaften, Frankfurt, 1. Auflage Februar 2003

Herrmann, Jörg (Hg.), Mission mit allen Mitteln – Der Scientology-Konzern auf Seelenfang, Rowohlt Taschenbuch Verlag GmbH, Reinbek bei Hamburg, Originalausgabe August 1992

Hubbard, L. Ron, Das einführende E-Meter Buch, AOSH DK Publications Department ApS, Kopenhagen, 1. Auflage 1979

Hubbard, L. Ron, Das Handbuch für den ehrenamtlichen Geistlichen, AOSH DK Publications Department ApS, Kopenhagen, 1. Auflage 1980

Hubbard, L. Ron, Deutsche Fachwortsammlung für Dianetics und Scientology, AOSH DK Publications Department ApS, Kopenhagen, 2. Auflage 1977

Hubbard, L. Ron, Dianetics – Die Entwicklung einer Wissenschaft, AOSH DK Publications Department A/S, Kopenhagen, 1. Auflage 1974

Hubbard, L. Ron, Dianetics – Die moderne Wissenschaft der geistigen Gesundheit, AOSH DK Publications Department A/S, Kopenhagen, 2. Auflage 1976

Hubbard, L. Ron, Dianetics and Scientology Technical Dictionary, Church of Scientology of California, Publications Organization United States, Los Angeles, 3. Auflage 1978

Hubbard, L. Ron, Die Bestandteile der Beingness (aus der Vortragsreihe „The Anatomy of the Spirit of Man Congress"), abgedruckt in „Source", Ausgabe 113

Hubbard, L. Ron, Die Grundlagen des Denkens, AOSH DK Publications Department A/S, Kopenhagen, 3. Auflage 1974

Hubbard, L. Ron, Einführung in die Ethik der Scientology, New Era Publications International ApS, Kopenhagen, 1. Auflage 1989

Hubbard, L. Ron, E-Meter Essentials 1961, The Publications Organization World Wide, Edinburgh, 5. Auflage 1968

Hubbard, L. Ron, HCO-Policybrief vom 7. Februar 1965, wieder herausgegeben am 27. August 1980, Nr. 1 der Serie „Die Funktionsfähigkeit der Scientology erhalten"

Hubbard, L. Ron, HCO-Policybrief vom 23. Oktober 1965 „Verbreitungs-Drill"

Hubbard, L. Ron, HCO-Policybrief vom 7. Mai 1968 „Richtschnur für Studenten für richtiges Verhalten"

Hubbard, L. Ron, HCO-Policybrief vom 14. Oktober 1968 R, revidiert am 1. Januar 1976

Hubbard, L. Ron, HCO-Policybrief vom 11. August 1971

Hubbard, L. Ron, HCO-Policybrief vom 21. Oktober 1971, Ausgabe III, „Sie als Scientologe"

Hubbard, L. Ron, HCO-Policybrief vom 7. Februar 1979 „Come-on-Disseminierung"

Hubbard, L. Ron, Hymn of Asia, Church of Scientology of California Publications Organization, Los Angeles, 1. Auflage 1974

Hubbard, L. Ron, Kampf um die Erde (3 Bände), New Era Publications GmbH, Dreieich 1986, 1987, 1988

Hubbard, L. Ron, Mission Earth (10 Bände), Bridge Publications, Inc., Los Angeles 1985, 1986, 1987

Hubbard, L. Ron, Ron's Journal Nr. 31 vom 1. Dezember AD 29 (1979)

Hubbard, L. Ron, Ron's Journal Nr. 34 vom 13. März 1982

Hubbard, L. Ron, Vortrag „Wie man mit Angriffen gegen Scientologen umgeht", Saint Hill Special Briefing Course, 26. Juni 1961, Auszug abgedruckt in „Impact" Nr. 80

IAS (Hg.), Impact Nr. 69 (1996)

IAS (Hg.), Impact Nr. 79 (1998)

Medicus/Hubbard, L. Ron, Alles über radioaktive Strahlung, Scientology Publications Organization ApS, Kopenhagen, 1. Auflage 1980

Müller, Péter, Schlange & Kreuz, Windpferd-Verlagsgesellschaft mbH, Aitrang, 1. Auflage 1994

„Stimmt!" vom 19. März 1998

The Church of Scientology of California, World Wide, „Der Hintergrund und die Zeremonien der Scientology Kirche", Deutsche Ausgabe: (c) 1973 by L. Ron Hubbard

The Staff of the Hubbard Research Foundation, Child Dianetics, The Publications Organization World Wide, Edinburgh, 5. Auflage 1968

Adressen –
alle Angaben ohne Gewähr

Informationen und Hilfe erhalten Sie bei den unten aufgeführten Stellen:

PLZ, Ort, Straße, Bezeichnung, Telefon, Fax, eMail

01097, Dresden, Carolaplatz 1, Sächsisches Staatsministerium für Kultus, Tel. 0351-5642715, Fax 0351-5642702

01157, Dresden, An der Heilandskirche 1, Sektenbeauftragter der Ev.-Luth. Landeskirche Sachsen, Tel. 0351-4211664, Fax 0351-4211664

02627, Schmochtitz, Bischof-Benno-Haus, Kath. Beauftragter für Sekten und Weltanschauungsfragen im Bistum Dresden-Meißen, Tel. 035935-23354, Fax 035935-23354, eMail: Gerald.Kluge@gmx.de; gerkluge@aol.com

02965, Hoyerswerda, Martin-Luther-King-Haus, Postfach 3344, Ev. Kirche der Schlesischen Oberlausitz, Tel. 03571-414227, Fax 03571-414227

02997, Wittichenau, Badergasse 1, Kath. Pfarramt, Tel. 035725-70985, Fax 035725-71085, eMail: peter-paul.gregor@t-online.de

04249, Leipzig, Giordano-Bruno-Str.1, Sekten- und Weltanschauungsbeauftragte der ev. Kirche, Tel. 0341-4250-487 od. -680, Fax 0341-4250-486 od. -679

04299, Leipzig, Heinrichstr. 11, EBI, Eltern- u. Betroffeneninitiative gegen psychische Abhängigkeit Sachsen e.V., Tel. 0341-6891590, Fax 0341-6894859

06493, Ballenstedt/Harz, Allee 23, Beauftragter der ev. Kirche Anhalts (Dessau), Tel. 03948-380318

07743, Jena, Schäfferstr. 2, EBI-Außenstelle Thüringen Eltern- und Betroffeneninitiative gegen psychische Abhängig- keit, Tel. 03641-448503, Fax 03641-826414, eMail: winfried. mueller@jena.thur.de

07743, Jena, Wagnergasse 34, Kath. Pfarramt, Tel. 03641-449256

09111, Chemnitz, Theaterstr. 25, Evang. Forum, Tel. 0371-61958

09122, Chemnitz, Albert-Köhler-Str. 91, Landesarbeitsstelle Aktion Jugendschutz (AJS) Sachsen e.V., Tel. und Fax 0371- 211639, Fax 0371-212232

10117, Berlin, Auguststr. 80, Beauftragter für Sekten- und Weltanschauungsfragen der ev. Kirche der Kirchenprovinz Sachsen, Tel. 030-28395160, Fax 030-28395212

10117, Berlin, Auguststr. 80, Evangelische Zentralstelle für Weltanschauungsfragen (EZW), Tel. 030-28395211, Fax 030- 28395212

10117, Berlin, Beuthstr. 6-8, Senatsverwaltung für Schule, Jugend und Sport, Ref. V F 3, Tel. 030-9026-5574, Fax 030-9026-5010, eMail: Anne-Kathrein.Ruehle@SenSJS.Verwalt-Berlin.de

10551, Berlin, Oldenburger Str. 46, KASW-Berlin (Kath. Arbeits- kreis), c/o Dominikanerkloster St. Paulus, Tel. 030-39732200 Fax 030-39732201, eMail: pfunkeop@t-online.de

12683, Berlin, Weißenhöhestr. 73-8, Landesarbeitsstelle Kinder- und Jugendschutz e.V., Tel. 030-5144995, Fax 030-5143544

14165, Berlin, Heimat 27, Eltern- und Betroffeneninitiative gegen psychische Abhängigkeit für geistige Freiheit e.V., Tel. 030-8183211, Fax 030-8154796

14165, Berlin, Heimat 27, Landeskirchliches Pfarramt für Sekten- und Weltanschauungsfragen der Ev. Kirche in Berlin-Brandenburg, Tel. 030-8157040, Fax 030-84509640, eMail: gandow@is.in-berlin.de; gandow@dialogzentrum.de

14195, Berlin, Kiebitzweg 23, AG Sekten beim ASTA der FU Berlin, eMail: m.wende@vlberlin.comlink.de

14467, Potsdam, Friedrich-Ebert-Str. 4, Ministerium für Wissenschaft, Forschung und Kultur des Landes Brandenburg, Tel. 0331-866-4960

16515, Oranienburg, Schloßplatz 2, Landesarbeitsstelle Kinder- und Jugendschutz Brandenburg, Tel. 03301-598343, Fax 03301-598343

17011, Neubrandenburg, Postfach 2108, Landesarbeitsgemeinschaft Kinder- und Jugendschutz Mecklenburg-Vorpommern im Landesjugendamt, Tel. 0395380-2703, Fax 0395-380-2303

17406, Morgenitz/Usedom, Dorfstr. 50, Beauftragter der Ev. Landeskirche Pommerns, Tel. 038372-70251, Fax 038372-70251, eMail: pfarramt-morgenitz@t-online.de

17489, Greifswald, Anklamer Str. 15/16, Jugendamt, Tel. 03834-68338

18273, Güstrow, Domplatz 12, Amt für Gemeindedienst der Ev.-Luth. Landeskirche Mecklenburgs, Tel. 03843-685203, Fax 03843-685203

19055, Schwerin, Werderstr. 124, Kultusministerium Mecklenburg-Vorpommern, Referat VII, Sekteninformationsstelle (SISt), Tel. 0385-5887190

20148, Hamburg, Feldbrunnenstr. 29, Arbeitsstelle für Sekten- und Weltanschauungsfragen, c/o Amt für Öffentlichkeitsdienst, Tel. 040-413224-70, Fax 040-413224-18, eMail: NEK-Sektenberatung@gmx.de

20255, Hamburg, Hellkamp 68, Arbeitsgemeinschaft Kinder- und Jugendschutz (AJS) Hamburg e.V., Tel. 040-40172272, Fax 040-40172292

20537, Hamburg, Eiffestr. 664 B, Behörde für Inneres, Arbeitsgruppe Scientology, Tel. 040-3286-4990, Fax 040-3286-4995, eMail: fhhags@t-online.de

22083, Hamburg, Hamburgerstr. 31, Behörde für Schule und Berufsausbildung der Freien und Hansestadt Hamburg, Tel. 040-2988-3901

23539, Lübeck, Braunstr. 21, Beauftragter des Jugendamtes der Hansestadt Lübeck für Sekten und Psychokulte, Tel. 0451-1225740

23936, Grevesmühlen, Niels-Stensen-Weg 1, Beauftragter für Sekten- und Weltanschauungsfragen im Erzbistum Hamburg, Tel. 03881-2324, Fax 03881-719679, eMail: kath.pfarramt-grevesmuehlen@t-online.de

24105, Kiel, Düsternbrookerweg 80, Informations- und Dokumentationsstelle Sekten und sektenähnliche Vereinigungen bei der Ministerpräsidentin des Landes Schleswig-Holstein, Tel. 0431-988-1880, Fax 0431-988-1882

24106, Kiel, Prinz-Heinrich-Str. 1, Aktion Kinder- und Jugend-schutz (AJS), Landesarbeitsstelle Schleswig-Holstein, Tel. 0431-336086, Fax 0431-337130

24534, Neumünster, Linienstr. 3, Beauftragter der kath. Kirche für Sekten- und Weltanschauungsfragen des Erzbistums Hamburg in der Region Schleswig-Holstein, Tel. 04321-14668, eMail: kjd.nms.@t-online.de

24768, Rendsburg, Postfach 501, Initiative besorgter Bürger Rendsburg und Umgebung e.V., Tel. 04331-63650

25779, Glüsing, Dorfstr. 20, DELPHIN e. V., Tel. 04836-715, Fax 04836-709

26121, Oldenburg, Wilhelmstr. 27, Landeskirchlicher Beauf-tragter für Sekten- und Weltanschauungsfragen, Tel. 0441-16237, Fax 0441-13807, eMail: r.g.schumann@t-online.de

26811, Rhauderfehn, Pf 1104, Sekten-Info-Weser-Ems e.V., Tel. 04952-82140, Fax 04952-82140

27624, Ringstedt, Neue Str. 21, Beauftragter für Sekten- und Weltanschauungsfragen, Tel. 04708-242, Fax 04708-242

28015, Bremen, Postfach 101 543, Sektenberatung Bremen e.V., Tel. 04205-1609, Fax 04205-1609, eMail: Bernhard.Bruenjes@t-online.de

28195, Bremen, Bahnhofplatz 29, Senatsverwaltung für Gesundheit, Jugend und Soziales der Hansestadt Bremen, Tel. 0421-3614749

28359, Bremen, Heymelstr. 35, Ev. Beauftragter für Sekten-fragen, Tel. 0421-231991

29462, Wustrow-Lensian, Am Rundling 1, Kulturverein „Schwarzer Hahn" e.V., Tel. 05843-241, Fax 05843-1413

30002, Hannover, Postfach 265, Beauftragter für Weltanschauungsfragen der Hannoverschen Ev. Landeskirche, Tel. 0511-1241-972 o. -140, Fax 0511-1241-499

30161, Hannover, Hamburger Allee 26-30, Niedersächsisches Frauenministerium, Tel. 0511-120-8843

30169, Hannover, Archivstr.3, Niedersächsische Elterninitiative gegen den Mißbrauch der Religion e.V., Tel.   0511-1241-972 o. -140, Fax 0511-1241-499

30175, Hannover, Leisewitzstr. 26, Landesstelle Jugendschutz (LJS) Niedersachsen, Tel. 0511-858788, Fax 0511-2834954

31134, Hildesheim, Domhof 18-21, Bischöfl. Generalvikariat, Referat Sekten- und Weltanschauungen, Tel. 05121-307337

31675, Bückeburg, Herderstr. 27, Landeskirchenamt der Ev-Luth. Landeskirche Schaumburg-Lippe, Tel. 05722-9600

31863, Coppenbrügge, Ostlandstr. 19, Beauftragter der Selbständigen Ev.-Luth. Kirche, Tel. 05156-1739

32052, Herford, Auf der Freiheit 25, Arbeitskreis Sekten e.V., Tel. 05221-5998-57, Fax 05221-56358

32657, Lemgo, Molinder Grasweg 10, Beauftragter der Ev. Landeskirche Lippe, Tel. 05261-71240

33098, Paderborn, Domplatz 3, Erzbischöfl. Generalvikariat Paderborn, Tel. 05251-125468

34131, Kassel, Wilhelmshöher Allee 330, Beauftragter für Sekten- und Weltanschauungsfragen der Ev. Kirche Kurhessen-Waldeck, Tel. 0561-9378-243, Fax 0561-9378-424, eMail: ekkw.sekteninfo@t-online.de

36041, Fulda, Neuenbergerstr. 3-5, Referat Weltanschauungsfragen, Diözese Fulda, Tel. 0661-8398-133, eMail: Ferdinand.Rauch@t-online.de

37073, Göttingen, Nikolausberger Weg 73, Beauftragter für Weltanschauungsfragen der Ev. Kirche Göttingen, Tel. 0551-59765, Fax 0551-487175, eMail: ichgoe@t-online.de

39108, Magdeburg, Tismarstr. 23, Ev. Jugendarbeit in der Kirchenprovinz Sachsen, Tel. 0391-7336378

39116, Magdeburg, Seepark 5-7, Ministerium für Arbeit und Soziales des Landes Sachsen-Anhalt, Tel. 0391-5674010

40219, Düsseldorf, Fürstenwall 25, Ministerium für Arbeit, Gesundheit und Soziales des Landes Nordrhein-Westfalen, Tel. 0211-8553497

40219, Düsseldorf, Hubertusstr. 5, Jugendamt Düsseldorf, Stadtjugendseelsorger, Tel. 0211-9010250

40479, Düsseldorf, Rochusstr. 44, Ev. Kirche im Rheinland, Beauftragter für Sekten und Weltanschauungsfragen, Tel. 0211-3610-246, Fax 0211-3610-223

41844, Wegberg, Becker Str. 115, Bistum Aachen, Beratungs- und Informationsdienst für Sekten und Weltanschauungsfragen, Tel. 02434-6778, Fax 02434-25055

42781, Haan-Gruiten, Bahnstr. 29, Kontakthilfe bei Sektenproblemen e.V., Tel. 02104-969898, Fax 02104-6361

44712, Bochum, Postfach 101202, Artikel 4, Initiative für Glaubensfreiheit e.V., Tel. 02102-893301o. 02325-60442

44809, Bochum, Amtsstr. 4, SEKTEN-INFO Bochum, Verein für Jugend- und Sozialarbeit e.V., Tel. 0234-578156

45127, Essen, Rottstr. 24, Sekten-Info Essen e.V., Tel. 0201-234646, Fax 0201-207617, eMail: SektenInfo-Essen@t-online.de

48135, Münster, Postfach 1366, Bischöfl. Generalvikariat Münster, AK Sekten- und Weltanschauungsfragen, Tel. 0251-495449, Fax 0251-495307

48143, Münster, Salzstr. 8, Kath. Landesarbeitsgemeinschaft Kinder- und Jugendschutz, Tel. 0251-54027 o. 40142, Fax 0251-518609

48147, Münster, Friesenring 32, Ev. Arbeitskreis für Kinder- und Jugendschutz NRW, Tel. 0251-2709-290/1, Fax 0251-2709-573

49078, Osnabrück, An der Blankenburg 14, Elterninitiative Neue religiöse Bewegungen, Tel. 0541-42191

49808, Lingen, In den Sandbergen, Bischöfl. Generalvikariat, Arbeitsstelle „Neue Religionen", Tel. 0591-64967, Fax 0591-64560

50606, Köln, Marzellenstr. 32, Erzbistum Köln, Abtlg. Jugendseelsorge, Tel. 0221-1642313

50672, Köln, Hohenzollernring 85-87, Arbeitsgemeinschaft Kinder- und Jugendschutz (AJS), Landesstelle NRW e.V., Tel. 0221-921392-0, Fax 0221-921392-20, eMail: schlang@mail.ajs.nrw.de

51375, Leverkusen, Bogenstr. 11, KIDS, Kinder in destruktiven Sekten e.V., Tel. 0214-55760, Fax 0214-55775, eMail: KIDS_e.V.@t-online.de

51377, Leverkusen, Geschw.-Scholl- Str. 28, Elterninitiative zur Wahrung der geistigen Freiheit e.V., Tel. 0214-58372, Fax 0214-506264

51429, Bergisch-Gladbach, Kölner Str. 19-21, Ev. Beratungsstelle für Kinder, Jugendliche und Erwachsene, Tel. 02204-54004

52062, Aachen, Klosterplatz 7, Bischöfl. Generalvikariat, Referat Sekten- und Weltanschauungsfragen, Tel. 0241-452-419 o. -374, eMail: HermannJosef.Beckers@post.rwth-aachen.de

52066, Aachen, Salierallee 18a, Synodales Jugendreferat des Kirchenkreises Aachen, Tel. 0241-69676

53113, Bonn, Adenauerallee 37, Arbeitskreis Sekten - Okkultismus - New Age, Ev. Jugendbüro, Tel. 0228-2679656-54

53113, Bonn, Adenauerallee 37, Haus der Kirche: Leiter der Evangelischen Beratungsstelle, Tel. 0228-224680

53113, Bonn, Kaiserstr. 163, Zentralstelle Pastoral der Deutschen Bischofskonferenz, Tel. 0228-103-230, Fax 0228-103-334

53123, Bonn, Rochusstr. 8-10, Bundesministerium für Familie, Senioren, Frauen und Jugend (BMFSFJ), Tel. 0228-930-2864

53579, Erpel, Grabenstr. 1, AGPF-Aktion für Geistige und Psychische Freiheit e.V., Tel. 02644-980130, Fax 02644-980131, eMail: Ingo.Heinemann@t-online.de

53639, Königswinter, Malteserstr. 52, Malteserhof, Ev. Jugendbüro im Kirchenkreis Sieg und Ruhr, Tel. 02223-3362

54290, Trier, Hinter dem Dom 6, Bischöfl. Generalvikariat Trier, Referat für Weltanschauungsfragen und Sekten, Tel. 0651-7105526, Fax 0651-7105405, eMail: sekten@dioezese-trier.de

55116, Mainz, Grebenstr. 24-26, Referat für Sekten- und Weltanschauungsfragen der Diözese Mainz, Tel. 06131-253284, eMail: fxpth308@rz.uni-frankfurt.de

55116, Mainz, Mittlere Bleiche 61, Ministerium für Arbeit, Soziales, Familie und Gesundheit des Landes Rheinland-Pfalz, Tel. 06131-164382, Fax 06131-162019

58452, Witten/Ruhr, Röhrchenstr. 10, Beauftragter für Sekten- und Weltanschauungsfragen der Ev. Kirche von Westfalen, Tel. 02302-91010-0, Fax 02302-91010-10

59071, Hamm, Ostenallee 80, Kath.-Sozialethische Arbeitsstelle e.V., Referat für Sekten- und Weltanschauungsfragen, Tel. 02381-98020-0, Fax 02381-9802099, eMail: ksa-hamm-baer@t-online.de; ksa-hamm-weisz@t-online.de

60311, Frankfurt/Main, Rechneigrabenstr. 10, SINUS (Sekten-Information und Selbsthilfe Hessen-Thüringen) e.V., Geschäftsstelle, Tel. 069-92105-634, Fax 069-92105-632

60318, Frankfurt/Main, Eschenheimer Anlage 21, Diözese Limburg, Referat Weltanschauungsfragen, Tel. 069-1501149, Fax 069-5975503

60385, Frankfurt/Main, Dahlmannstr. 8, Beauftragter des Berufsverbands Deutscher Psychologen (BDP), Tel. 069-440917. Fax 069-443320

61191, Rosbach/ (Ober-Rosbach), Preulgasse, SINUS, Regionalstelle Wetterau, Kath. Pfarrzentrum St. Michael, Tel. 06003-3535

64372, Ober-Ramstadt, Pragelatostr. 112, Evangelisch-Reformierte Kirchengemeinde, Tel. 06154-2579, Fax 06154-2764

64720, Michelstadt, d´Orville Str. 22, SINUS, Regionalstelle Odenwald, Kath. Gemeinde, Tel. 06061-922057

65185, Wiesbaden, Friedrich-Ebert-Anlage 12, Ministerium des Inneren Ref. II A3-3e 2201/1, Tel. 0611-353-284, Fax 0611-353-343

65187, Wiesbaden, Dostojewskistr. 4, Hessisches Ministerium für Umwelt, Energie, Jugend, Familie und Gesundheit, Ref. VIII,C2, Tel. 0611-817-3339, Fax 0611-817-3651

66119, Saarbrücken, Franz-Josef-Röder-Str. 23, Ministerium für Frauen, Arbeit, Gesundheit und Soziales des Saarlandes, Tel. 0681-5013118

66386, St. Ingbert, Ensheimer Str. 125, VITEM e.V., Tel. 06894-870452, Fax 06894-870452

67343, Speyer, Domplatz 3, Referat für Sekten und Weltanschauungsfragen Diözese Speyer, Tel. 06232-102218

70173, Stuttgart, Schloßplatz 4, Ministerium für Kultus und Sport Baden-Württemberg, Interministerielle Arbeitsgruppe zur Beobachtung von sog. Jugendsekten und Psychogruppen (IMA), Tel. 0711-279-2872, Fax 0711-279-2795

70174, Stuttgart, Gymnasiumstr. 36, Arbeitsstelle für Weltanschauungsfragen der Ev. Landeskirche Württemberg, Tel. 0711-2068-237, Fax 0711-2068-322

70178, Stuttgart, Marienstr. 9, KISS, Selbsthilfe-Initiative für Aussteiger aus der NAK, Tel. 0711-6406117, Fax 0711-6074561

70184, Stuttgart, Stafflenbergerstr. 44, Landesarbeitsstelle Aktion Jugendschutz (AJS) Baden-Württemberg e.V., Tel. 0711-23737-0, Fax 0711-237237-30

70378, Stuttgart, Schneideräckerstr., 53, Selbsthilfeinitiative der NAK-Aussteiger, Tel. 0711-5380827, Fax 0711-9293898, eMail: siegfried.dannwolf@swr-online.de

72101, Rottenburg/Neckar, Postfach 9, Bischöfl. Ordinariat, Ref. Religions- und Weltanschauungsfragen, Tel. 07472-169586, Fax 07472-169609

72663, Großbettlingen, Hölderlinweg 10, EBIS e.V. Eltern- und Betroffeneninitiative, Tel. 07022-42411, Tel. & Fax:07022-47559

74740, Leibenstadt, Pfarrsteige 6, Odenwälder Wohnhof e.V., Tel. 06291-646763, Fax 040-3603-222969, eMail: wohnhof@aol.com

76010, Karlsruhe, Postfach 2269, Beauftragter für Weltanschauungsfragen der Badischen Landeskirche und Infostelle für Weltanschauungsfragen, Tel. 0721-9175-357 o. -359, Fax 0721-9175-363 o. -550

79108, Freiburg, Okenstr. 15, Erzbischöfliches Seelsorgeamt, Tel. 0761-5144136, Fax 0761-5144102, eMail: ESeelsorge@aol.com

80082, München, Postfach 100513, Elterninitiative zur Hilfe gegen seelische Abhängigkeit und religiösen Extremismus e.V., Tel. 089-559561-0, Fax 089-559561-3, eMail: ei.muc@aol.com; ei.muenchen.udo.schuster@t-online.de

80327, München, Salvatorstr. 2, Bayerisches Staatsministerium für Unterricht, Kultus, Wissenschaft und Kunst, Tel. 089-2186-2568

80335, München, Dachauer Str. 5/V, Sektenbeauftragter der Erzdiözese München und Freising, Tel. 089-5458130, Fax 089-5458115, sektenbeauftragter@erzbistum-muenchen.de

80335, München, Marsstr. 19, Beauftragter für Sekten- und Weltanschauungsfragen Ev.- Luth. Kirche Bayern, Tel. 089-559561-0, Fax 089-559561-3

80336, München, Landwehrstr. 15, Rgb. 3. Stock, Evangelische Beratungsstelle Neue Religiöse Bewegungen, Tel. 089-55029034, Fax 089-55029624

80636, München, Fasaneriestr. 17, Landesarbeitsstelle Aktion Jugendschutz (AJS) Bayern e.V., Tel. 089-121573-0, Fax 089-1235642

80792, München, Winzererstr. 9, Bayerisches Staatsministerium für Arbeit, Sozialordnung, Familie, Frauen und Gesundheit, Tel. 089-1261-1312

80804, München, Aachenerstr. 4, Sekteninfo München e.V., Tel. 089-36108334, Fax 089-36108334

81735, München, Kurt-Eisner-Str. 50, Beauftragter der Ev. Reformierten Kirche in Bayern, Tel. 089-674263

86150, Augsburg, Kappelberg 1, Diözese Augsburg, Beratungsstelle für Religions- und Weltanschauungsfragen, Tel. 0821-31522-12, Fax 0821-31522-28, eMail: ReliRef.augsburg@t-online.de

90402, Nürnberg, Vordere Sterngasse 1, Beauftragter für Sekten- und Weltanschauungsfragen der Diözesen Bamberg und Eichstätt, Tel. 0911-24449-511, Fax 0911-24449-519

90403, Nürnberg, Burgstr. 7, Beauftragter der Ev.-Luth. Kirche in Bayern für religiöse und geistige Strömungen, Tel. 0911-2142180, Fax 0911-2142181

93047, Regensburg, Roritzer Str. 12, Beauftragter für Sekten- und Weltanschauungsfragen der Diözese Regensburg, Tel. 0941-5839-401, Fax 0941-5839-402, eMail: sektenberatung-regensburg@t-online.de

94032, Passau, Insbruckgasse 13a, Sektenbeauftragter der kath. Kirche der Diözese Passau, Tel. 0851-393366

96049, Bamberg, Artur-Landgraf-Str.33, Kath. Sektenbeauftragter, Tel. 0951-54450

99084, Erfurt, Johannesstr. 19, Arbeitskreis „Sekten" in Thüringen e.V. (Religions- und Weltanschauungsgemeinschaft), Tel. 0361-6442264, Fax 0361-6442265, eMail: gerageist@aol.com

99084, Erfurt, Johannesstr. 19, Landesarbeitsgemeinschaft Kinder- und Jugendschutz Thüringen e.V., Tel. 0361-6442264, Fax 0361-6442265

99438, Bad Berka, Heinrich-Heine-Allee 2-4, Thüringer Institut für Lehrerfortbildung, Lehrplanentwicklung und Medien, Tel. 036458-56234, Fax 036458-56300, eMail: schroeter@thillm.th.schule.de

99817, Eisenach, Fritz-Koch-Str. 7, Beauftragter für Weltanschauungsfragen, Tel. 03691-215572, Fax 03691-215572